古文观止
原来很有趣

① 左传

关也 著

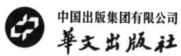
中国出版集团有限公司
华文出版社

图书在版编目（CIP）数据

古文观止原来很有趣. 左传 / 关也著. -- 北京：华文出版社，2023.3（2023.7重印）
　　ISBN 978-7-5075-5643-8

Ⅰ. ①古… Ⅱ. ①关… Ⅲ. ①《古文观止》－通俗读物②《左传》－通俗读物　Ⅳ. ①H194.1-49 ②K225.04-49

中国国家版本馆CIP数据核字（2023）第039543号

古文观止原来很有趣——左传

作　　者：关　也
责任编辑：吴文娟
美编设计：李琳琳
出版发行：华文出版社
地　　址：北京市西城区广安门外大街305号8区2号楼
电　　话：总编室 010-58336239　发行部 010-58336267
　　　　　责任编辑 010-58336192
邮政编码：100055
网　　址：http://www.hwcbs.cn
经　　销：新华书店
印　　刷：三河市航远印刷有限公司
开　　本：889mm×1194mm　1/32
印　　张：7.625
字　　数：140千字
版　　次：2023年3月第1版
印　　次：2023年7月第2次印刷
标准书号：ISBN 978-7-5075-5643-8
定　　价：59.80元

版权所有，侵权必究

写在前面

以前闲看《射雕英雄传》的时候，见郭靖与黄蓉泛舟游览太湖，于苍苍暮霭之中，邂逅了归云庄庄主陆乘风。陆庄主邀请黄蓉品评自己的书画，和她越谈越觉得投契。于是——

陆庄主道："老弟鉴赏如此之精，想是家学渊源，令尊必是名宿大儒了，不知名讳如何称呼。"黄蓉道："小可懂得甚么，蒙庄主如此称许。家父在乡村设帐授徒，没没无名。"陆庄主叹道："才人不遇，古今同慨。"

我每次读到这里，总会情不自禁联想起三百多年前的吴楚材、吴调侯叔侄。这两位学问优裕、才器过人，又逢繁盛的康熙一朝，对人生与功业有着相当高的期许。然而，览其一生遭际，颇让人生出"才人不遇，古今同慨"之情。

一　清代《作文一本通》

吴楚材，名乘权，字子舆，生平轨迹基本与康熙皇帝重叠：生于顺治十二年（1655），小康熙一岁；一直活到康熙五十八年（1719），先康熙三年辞世。春秋时期，晋国广揽贤才，楚国大夫们竞相归附，以至于产生了"虽楚有材，晋实用之"的说法。吴乘权选取了"楚材晋用"的典故,自号"楚材",可以窥见他的书生自负和必将致用于时代的信心。

吴调侯,名大职,字调侯。这组"名"与"字"也让人产生遐想,似乎意在说本人迁调为侯,建大功业只在朝夕之间而已。论起辈分来,他与吴楚材是侄子与叔叔,但岁数只相差两岁,其实就是同龄人:他生于顺治十四年(1657),惜乎寿数不永,中年亡故,卒于康熙四十年(1701)。

或许是因为"八字缺官印"吧,志存高远的"楚材"与"调侯"始终没能够突破科举考试这一关,未曾中过举人,进士更是遥不可及,仕途自然谈不上顺遂。最终,叔侄俩隐迹民间,"设帐授徒,没没无名",在老家浙江绍兴的村塾中讲了大半辈子文化启蒙课。

两位吴老师虽然失意于科场与仕途,但文字功夫毕竟不弱,衡文眼光更属一流,完胜其他的村学究们。为了提高塾内学生的八股写作实力和策论应对水平,他们精选了先秦至明代的优秀文章,畅议主旨、讨论结构、阐发义理、评点特色,并荟萃成课堂讲义,进而把这套独门秘籍打造成为其私塾的金字招牌。

机缘巧合,某一天讲义被好事者传抄了出去,塾师同行们阅读后直呼了不起。叔侄俩在八股文辅导圈子里小火了一把。趁着热乎劲儿,他们索性从讲义中优中取优,摘出来222篇,按朝代先后顺序分作12卷,刊刻出版。书稿修定于康熙三十三年(1694),此时吴楚材即将四十,吴调侯三十有七。书名提为《古文观止》,也就是清代的"作文一本通""状元写作宝典""科考八股指南"的意思。所谓"观止",即是说"看到这里就可以停止了,其余的不看也罢"。

二　风行天下的秘密

《古文观止》问世以前，那些应试考生喜欢游逛的书坊里头，已经堆满许多牛人编写的"优秀作文选"。时代古早如南宋吕祖谦的《古文关键》，名头响亮如明代茅坤的《唐宋八大家文钞》，新颖畅卖如清初金圣叹的《天下才子必读书》，不一而足。但是，《古文观止》出现之后，仿佛一剑西来，天下俯首，诸书销路纷纷看跌，而此编顿成爆款。

《古文观止》以科举教辅书的身份"出道"，很快就出圈了，称得上风行天下。放眼整个清代与民国，无论是山村乡野，还是市井坊巷，士人学子们几乎人手一册。究其原因，我想，可以用两个字来说明："全"与"短"。全得周至，短得合适。

先说"全"。《古文观止》的选文范围从《左传》《国语》开始，一直到明后期的袁宏道、张溥收束。总共辑录了先秦文章73篇，两汉文章31篇，魏晋南北朝文章6篇，唐代文章43篇，宋代文章51篇，明代文章18篇。

它以清晰的脉络串联起了各朝经典名作，我们随书前后顾盼，历代古文高手的性情与写作章法班班可考，千百年来文风的发展和演变有迹可循。而古代散文创作的两大巅峰期——秦汉与唐宋，又得到了充分的凸显。

不仅如此，《古文观止》"不偏科"，走的是"多元化路线"。为了让学生直观感受到文章的汪洋浩瀚，吴楚材和吴调侯兼收并蓄了诸多文体。书中有酣畅犀利的论辩、敦朴谨严的奏议、萧散自然的序跋、沉痛悲恻的哀祭、情节曲折的史传、轻松洒落的杂记、文辞古直的碑铭、声韵铿锵的赋体……

圆融博通的选文思路，客观上令《古文观止》触及到了中国传统文化的许多方面，平添了厚重的人文气息。学者金克木赞叹道："读《古文观止》可以知历史，可以知哲学，可以知文体变迁，可以知人情世故，可以知中国的宗教精神与人文精神，几乎可以知道中国传统文化的一切。"

再说"短"。《古文观止》编撰的初衷，是为了让学生取法超一流的古文，修炼出扎实的写作功力，最后笑傲科举。但在清朝康熙年间，朝廷不喜欢啰唆的考生，遂规定应试八股文的规模不能够超过650个字。《古文观止》十分贴心，完全按照考试的要求来培养学生的阅读和写作习惯，因此获选的文章大都不长，言简意赅。

司马迁《报任安书》共计2300余字，字数已经是《古文观止》中的天花板；而千古传诵的刘禹锡的《陋室铭》，只有区区81个字。贾谊的《治安策》议论畅达，文笔纵横恣肆，惹得顶级文论家金圣叹爱不释手，啧啧叹赏，故在《天下才子必读书》中抄录了贾生全文，近6000字；而《古文观止》也相中了《治安策》，却摘取菁华，果断删汰其余，节录部分不到2000字。

实际上，在整部《古文观止》中，70%左右的文章篇幅都稳定在500字至700字之间。这对古文学习者而言——无论是清朝人，还是当代人——都显得非常友好。尺幅之间，能够近距离目睹大行家的行文手段、论说技巧，也能够读到有趣的史实、精彩的故事，甚至还能够学习工稳的对仗、华丽的辞藻。无怪乎文豪巴金曾说："《古文观止》的200多篇古文，是我文学上的真正的启蒙教材。"

三　在这里读懂《古文观止》

据说，宋太祖赵匡胤黄袍加身，君临中原以后，想要拓建京都外城。一日，他来到城门口亲自规划改造方案，猛然抬头，看到了门上题的那几个字——"朱雀之门"。于是，赵匡胤回身问臣子赵普："何不只写'朱雀门'，多一个'之'字用来做什么？"赵普赶紧给皇上科普语文常识："这是语助词。"马上得天下的赵匡胤闻言大笑："之乎者也能够助得什么事！"

赵匡胤的笑声似乎还没有散尽，民间就悄然兴起了一句俗语："之乎也者矣焉哉，用得成章好秀才。"诚如斯言，阅读、写作文言文，那些貌似不起眼的虚词实在太重要了。在理解和运用上，稍微不仔细，就会失之毫厘、谬以千里。

当然，若要熟练驾驭古文，其挑战绝不仅仅止于虚词。随着时间的推移、世代的变迁，古今异义词汇铢积寸累，与日俱增；而文言语法、句式也同我们的日常表达渐行渐远。一本以实用性为卖点，凭普适性风靡村塾学童的《古文观止》，搁在小视频和畅销网文面前，多少也有些文辞生涩，甚至佶屈聱牙。不过，这恰好是本书诞生的因缘。

我自2021年秋天起，重新细翻《古文观止》以自娱。而一个人读书难免有些寂寞，过去讲课的积习又还在，我干脆在B站上零零散散地谈点心得。幸运的是，也有朋友爱听。时间是最好的编修官，不知不觉间，我便集腋成裘了。

我从《古文观止》卷一和卷二中挑出了10篇文章——悉数出于《左传》——加以明确读音，疏通字词，翻译语句。对文章里面出现过的文言语法和重要句式，我也做了系统的总结，如使动用法、意动用法、为动用法、名词作状语、判断句、被动句、状语后置及宾语前置句等。我不仅阐明相关规则，还顺手罗列了一些例句，希望可以帮助大家扫清阅读时的障碍。

更为要紧的是，《古文观止》关涉许多传统文化知识和重大历史事件，在不同场合下诞生的作品，也存在不同的逻辑结构和行文技巧。如果只是了解了字词章句，便算作读过，那么肯定会有入宝山而空手回的遗憾。因此，我对每篇文章的史实背景、人物关系、行文结构，都尽可能地做了详尽的分析。

譬如《吕相绝秦》，这是一篇酣畅淋漓的檄文，形式错综变幻，跌宕起伏；而内容近于信口雌黄，胡说八道；又牵扯秦、晋两国十一位君主的恩怨纠葛。我们纵然疏通了所有的字词，其实也未必清楚吕相究竟在说些什么，遑论赏析其精妙绝伦之处。因此，本书会逐一钩沉史实，使读者对吕相言辞中的夸诞和歪曲，乃至于他的论辩方式和手段，尽皆一目了然。

又譬如《郑伯克段于鄢》，这是《左传》所记述的第一个首尾完足、过程详瞻的历史故事，也是《古文观止》选中的第一篇文章，"江湖地位"自不待言。但是，对缺乏经验的读者来说，看到一大堆"郑武公""郑庄公""武姜""姜氏""共叔段""太叔段""公子吕""子封"，就容易脸盲，分不清楚谁是谁了。因此，本书细致地梳理了人物关系，顺便介绍了古人取名字的规则，如果有必要，再点出他们在"剧情"中的年龄，让人物真正"活过来"。

再譬如《齐桓公伐楚盟屈完》，这里存着春秋时代最著名的一番外交对答。但若走马观花式地阅读，无论如何也体悟不到齐、楚两国的外交官是如何在剑拔弩张的氛围中，将汉语的威力发挥到极致的。因此，本书一步步拆解了楚使与管仲的语言和逻辑，向读者揭晓为何这是外交辞令中的千秋绝调。

拉拉杂杂谈了这么多，也实在是太唠叨了，在康熙朝肯定过不了科举关。就此打住。这本小书送给爱好文史的朋友们，愿大家在这里读明白《古文观止》。

目　录

郑伯克段于鄢

- 01 ｜ 人物关系
- 01 ｜ 文章导读
- 02　　主角团的登场
- 06　　别人家的十四岁
- 08　　爽文男主的大逆袭
- 11　　孔子的"编码"和《左传》的"解码"
- 15 ｜ 原文注译
- 23 ｜ 文史常识
- 23　　古代君主一般会有几个"名字"？
- 24　　孔子与《春秋》是什么关系？
- 25 ｜ 文言语法
- 25　　使动用法

曹刿论战

29 | 人物关系
29 | 文章导读
30　　齐桓与鲁庄
33　　舌尖上的歧视
36　　鲁庄公的手牌
39　　谋略之臣？刺客之祖？
42 | 原文注译
45 | 文史常识
45　　春秋时期"肉食者"的食谱长什么样？
46　　春秋时期的战争场景是怎样的？
47 | 文言语法
47　　状语后置

齐桓公伐楚盟屈完

49 | 人物关系
49 | 文章导读
51　　不按常理出牌的蔡姬
53　　齐桓公的"霸主人设"

57　　管仲：语言就是力量

63　|　原文注译

68　|　文史常识

68　　如何称呼周代贵族妇女？

69　　古代有哪些谦辞和敬称？

70　|　文言语法

70　　宾语前置

烛之武退秦师

73　|　人物关系

73　|　文章导读

75　　公子重耳流亡记

80　　游走于史实与传说之间

83　　烛之武的"技"与"道"

88　|　原文注译

91　|　文史常识

91　　古人的"姓"与"氏"有什么不一样？

93　|　文言语法

93　　判断句

蹇叔哭师

- 97 | 人物关系
- 97 | 文章导读
- 98　传奇的谢幕
- 103　蹇叔的独幕剧
- 106　殽之战：匹马只轮无返者
- 109 | 原文注译
- 112 | 文史常识
- 112　古人的"名"与"字"有什么不一样？
- 113 | 文言语法
- 113　名词活用作动词

王孙满对楚子

- 117 | 人物关系
- 117 | 文章导读
- 119　楚庄王的典故
- 123　王孙满的历史大讲堂
- 127 | 原文注译
- 130 | 文史常识

| 130 | 春秋时期有哪些"蛮夷戎狄"?
| 132 | 文言语法
| 132 | 被动句

吕相绝秦

| 135 | 人物关系
| 135 | 文章导读
| 137 | 两国·五辈·十一君
| 141 | 两条不同的时间线
| 143 | 平行世界里的故事
| 147 | "说谎"的艺术
| 149 | 彬彬有礼,咄咄逼人
| 153 | 原文注译
| 163 | 文史常识
| 163 | 春秋时期,如何举办一场婚礼?
| 165 | 文言语法
| 165 | 名词活用作状语

晏子不死君难

- 169 | 人物关系
- 169 | 文章导读
- 171   三个姜姓人的故事
- 173   于无声处听惊雷
- 176   一字不可易,踵事又增华
- 179 | 原文注译
- 181 | 文史常识
- 181   西周至春秋,社会阶层发生了什么变化?
- 183 | 文言语法
- 183   意动用法

季札观周乐

- 185 | 人物关系
- 185 | 文章导读
- 187   预言家季札
- 192   音乐・人心・治乱
- 197 | 原文注译

| 205 | 文史常识
| 205 | 什么是《诗经》六义?
| 207 | 文言语法
| 207 | 省略句

子产论政宽猛

| 211 | 人物关系
| 211 | 文章导读
| 213 | 子产而死,谁其嗣之
| 217 | 末世余晖
| 220 | 原文注译
| 223 | 文史常识
| 223 | 春秋时期,"诗三百"有什么功用?
| 225 | 文言语法
| 225 | 为动用法

郑伯克段于鄢

选自《左传·隐公元年》

人物关系

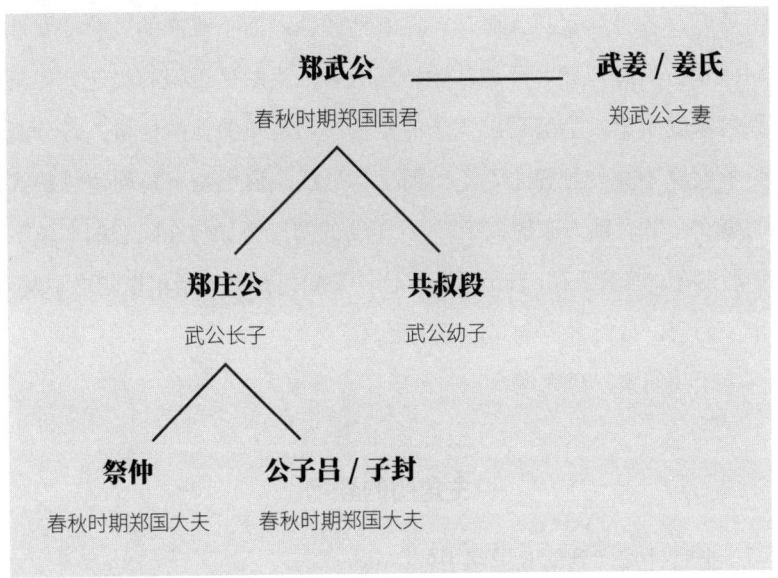

文章导读

"郑伯克段于鄢"是春秋初年的第一桩大事,也是编年体史书《左传》所记述的第一个首尾完足、过程详瞻的历史故事。因为它的时代早、资历老,自然成为包括《古文观止》在内的许多古文选本的第一篇文章。时至今日,它仍是王力先生主编的《古代汉语》中首堂文言文阅读课文,足以窥见它的分量。

换言之，《郑伯克段于鄢》之于古文，尤其之于中国经典的史传散文，就仿佛"人之初，性本善"之于《三字经》，"赵钱孙李，周吴郑王"之于《百家姓》，"天地玄黄，宇宙洪荒"之于《千字文》，"abandon"之于任意一本四六级单词书，属于无论如何也绕不开，必然会读到的那一种。

对吃瓜群众来说，本篇故事搁在当下也是一部相当精彩的家庭伦理剧，各种元素抓人眼球，充满话题性：面临难产的风险，女性如何看待生育问题？开放二胎、三胎后，头胎是否担心失宠？如果原生家庭不幸，会磨砺出孩子的坚韧，还是扭曲他的性格？过分溺爱子女算不算一种捧杀？不一而足。当然，这更是一篇霸道总裁式的爽文，试看别人家的孩子——年幼的郑庄公如何在险恶的环境下如履薄冰，谋求生存，直至承袭君位；又如何在二十余年里隐忍不发，步步为营，最终掌控全局，逆风翻盘。

让我们来一窥究竟。

主角团的登场

把时钟拨回到前 8 世纪中叶：

> 初，郑武公娶于申，曰武姜。生庄公及共叔段。庄公寤生，惊姜氏，故名曰寤生，遂恶之。爱共叔段，欲立之。亟请于武公。公弗许。

故事开端，主角团集体登场亮相。阅读先秦散文，尤其是《左传》《国语》一类的早期史家著述，各种"稀奇古怪"的名称总令人头大。什么"郑武公""郑庄公"，什么"武姜""共叔段"，看多了容易脸盲,分不清楚谁是谁。因此,在这里稍作解释。

先介绍郑武公。前771年,犬戎之乱爆发。西北蛮族攻陷了王畿镐京(今陕西省西安市),周幽王兵败身死,西周覆灭。同一天,郑国初代国君、周王室司徒、幽王的亲叔叔郑桓公也以身殉难。桓公之子郑武公,一路护送幽王之子周平王东徙洛邑(今河南省洛阳市),史称"东周"。随即拉开了春秋二百余年的序幕。

周天子被迫搬了家,相应地,郑武公也把封地东移至新郑(今河南省郑州市)一带。由于武公护卫天子有功,获封周王朝卿士(首席执政大臣),手握重权。兼之他不断开拓疆土,郑国摇身一变,成为跻身济、洛、河、颍间的新贵。

郑武公姓姬,本名掘突,"武"字是他的谥号。我们今天提及古代的君主,当然不用顾虑避讳,大可以直呼其名,譬如杨广、李世民、赵匡胤、朱元璋,等等。但除此以外,还是存在着一些约定俗成的称谓习惯,称"谥号"便是其中之一。所谓"谥号",是指人死之后,人们结合他一辈子的所作所为,给予一个字或者若干字的有褒有贬的评价。按照"谥法","威彊敌德曰武","克定祸乱曰武"。

武姜是郑武公的夫人,出生于申国,娘家人姓姜。如何称呼周代的贵族妇女,其实也颇有讲究。要是女孩子还没有出嫁,那就简单多了,直接在姓上冠以她的排行即可:伯(孟)、仲、叔、季。例如,芈姓小女儿,可称为"季芈";姬姓三女儿,可称为"叔姬";嬴姓二女儿,可称为"仲嬴";姜姓大女儿,可以称为"伯姜"或者"孟姜"。

倘若该女子已经嫁人,就产生了一些新的称呼方式。其一,在姓上冠以娘家所在国国名,如姜氏从申国来,其实也可称为"申姜";

其二，在姓上冠以丈夫的国名或邑名，姜氏既然嫁给郑国国君，则亦可称为"郑姜"；其三，在姓上冠以丈夫或自己的谥号，姜氏是郑武公的夫人，所以又可称为"武姜"。本文即采用第三种方式称呼之。

解释清楚了"武姜"的由来，最后再简单说一说"共叔段"。"共叔段"其实由不同的"元素"拼接而成。"段"为他的本名，"叔"指他在同辈中排行第三——据说郑武公总共生有三子，老大庶出，并不见载于本文，郑庄公和段都是正室嫡出，而段年纪最小。"共"则是段最终出逃投奔的国家的名字。

到此，主角团中的人物关系和命名规则，总算梳理完毕了。我们一起来观望观望情节的推进。

起初，郑武公从申国迎娶了夫人姜氏，姜氏为武公诞下了嫡长子，嫡长子就是春秋初年纵横中原的郑庄公。然而，随侍的史官却提笔在竹简上记录下了不寻常的一幕：寤生。

什么是寤生呢？曾经有人望文推测，说这是姜氏在睡梦之中不知不觉临盆生产，醒来后喜提一大胖小子。当然，这种说法未免有些不合情理。众所周知，生娃的疼痛等级非同小可，我们很难相信姜氏竟然拥有超人般的身体素质，能够一边分娩，一边自顾自酣睡。后来，经过学者考证，认为"寤"字通"牾"，意思是"逆着"。所谓寤生，即指孩子出生时，脚先出来了，可头还卡在妈妈的肚子里。这是标准的难产。

"头胎"不走寻常路，给姜氏造成了强烈的精神刺激。我们甚至可以猜想她的心理阴影面积有多大，因为她反手就给孩子起了一个简单粗暴的名字：寤生（难产）。

话又说回来，在中国，父母给子女取名字，也是一门有趣的心理学。有时候，人们相信名字越卑贱，孩子越好养活。现今一些地方还流行着"狗剩""铁蛋""二牛"等朴素别致的叫法。其实古代也有好玩儿的史料为证。汉高祖刘邦的夫人吕氏，从小闺名唤作"雉"，"雉"就是野鸡；汉武帝刘彻最初单名一个"彘"，"彘"就是猪；汉赋大家司马相如的爸爸叫他"犬子"，称呼自己的亲儿子为"狗儿子"。这让今天的我们不由得产生一种不知道在骂谁的微妙感。

可以肯定的是，"寤生（难产）"并没有"好养活"的良善企盼。相反，这个名字交织着母亲对儿子的恐惧、厌恶和愤怒，也宣告儿子来到世间就自带"原罪"。置身局外的我们其实很难和郑庄公感同身受：打生下来就被人天天叫"难产"，心里会是何种滋味儿？

差不多在寤生三岁那年，姜氏喜迎第二胎，起名为"段"。一方面，人情难免，许多老母亲都会对小儿子有所偏怜；另一方面，段出生时平安顺遂，毫无风险，令姜氏十分满意。因此，她长期无处安放的母爱就加倍倾注在了段的身上。

如果是在普通家庭，妈妈一碗水端不平，无非是让受冷落的娃错失一个美好的童年。当然，这也足够令人难过了。而在诸侯国君的世界里，母后鲜明的爱憎几乎可以立决子女的生死。

姜氏被二胎激发了母亲呵护幼崽的天性，从此一发不可收拾，屡次在郑武公的面前请求把段立为接班人。古往今来，宫闱之中，"立幼"两个字的背后必然就是"废长"。毕竟金字塔顶端名额有限。显而易见，从姜氏动了立段心思的那一刻起，寤生的生存和未来已经完全不在她的考虑范围之内了。

唐代诗人白居易曾经感慨："最是无情帝王家。"寤生小朋友要是能提前听到此言，想必会引为知音，心有戚戚焉。

别人家的十四岁

幸运的是,郑武公始终没有松口答应。等到武公病逝,寤生刚刚承袭君位,尚未出服丧之期,姜氏便急不可耐地替段索要封邑:制地。于是,母子俩展开了一番意味深长的对话:

及庄公即位,为之请制。公曰:"制,岩邑也,虢叔死焉。佗邑唯命。"请京,使居之,谓之京城大叔。

制地是一处极其险峻的要塞,北临黄河,南接嵩岳,山岭交错,自成天险。据说,周穆公曾经在这里游猎,圈禁过猛虎,所以它还有一个响亮的名字——"虎牢关"。我们熟悉的刘、关、张三英战吕布的故事,就设定在此处关卡底下。

偌大的国家,姜氏优先相中了这里。眼光毒辣,坐标清晰,目的明确。可见她长期替段操着储君的心,搞不好郑国的地图都翻烂了。在她写好的剧本里,段只要坐拥制地,就等于扼住了郑国的咽喉。退可凭险固守,稳若金汤;进则能觊觎兄长,伺机取而代之。

我们在读文章的时候,常常会不自觉忽略人物的年纪,总觉得书中的牛人天生满级又自带主角光环,因此也就难以真切地感受到局势的凶险和他们的不容易。此时此刻,郑庄公多大呢?大概也就十四岁左右。很多同龄人面对一贯强势,现下又咄咄逼人的母亲,本能反应都是乖乖站好认怂。又或者直接变身叛逆期少年,索性大吵大闹一场,砸门离家出走。

但郑庄公毕竟是别人家的优秀孩子,不怂不闹,回答得十分得体,内容又大出姜氏意料之外。他说:"制地太过凶险。连虢叔那样的诸侯都曾经战死在这里。"言下之意,这地儿不吉利,无法保障弟弟的安全,更不能为他讨个好彩头。不待姜氏反应过来,庄公又诚恳表态,"其他任何地方,只要弟弟想要,我都答应!"

这件事情细思极恐。姜氏刚一开口请制,庄公立马接荏儿,同时把话头掐死。他先站在关心弟弟人身安危的高度,给出了无懈可击的理由,再顺手搭好台阶送姜氏下去。可见寤生小朋友长期替自己操着活命的心,偷偷翻烂的地图不比母亲少,真正承受了这个年纪不该承受的压力。甚至他很有可能针对即位后的各种局面都进行过沙盘推演,还提前写好了应对话术。姜氏请得突然,庄公拒得迅捷,一来一去间不容发,而母子俩面上仍旧一团和气。

有趣的是"佗邑唯命"四个字。如果我们把阅读的重音落在"唯命"("我都答应")上,则只能看到寤生是一个懂礼貌、知进退的好孩子,对母亲恭恭敬敬,近乎于唯唯诺诺;而一旦把重音落在"佗邑"("其他任何地方")上,就可看出郑庄公骨子里的坚韧和强硬,对关键要塞寸步不让。

姜氏苦心打磨的第一个剧本没有过审,原以为十拿九稳的制地,被庄公举重若轻地扣了下来。可是,庄公架不住姜氏创作高产,马上看到了递至眼前的第二套方案:京邑。京邑虽不如制地形势险要,但胜在规模宏大,基础设施完善,而且距离国都更近。在这个副本中,段可以修筑城墙、囤积粮草、汇聚人口、操演军队,只待诸事齐备,便可一波平推到兄长跟前。

由始至终,话里话外,姜氏矛头所向全都直刺郑庄公。头胎寤生和母亲之间的亲情碎了一地,基本很难修复了。而同样作为母子,二胎段在妈妈的鼎力扶持下,终于进驻了大都邑,被群众呼为"京城太叔",霸气一览无遗。

爽文男主的大逆袭

身为"诸侯公子",又独享姜氏的庇护和骄纵,太叔段几乎能在郑国横着走。而备受母亲冷落的兄长,在他眼中想必存在感相当薄弱。段恃宠而骄,野心慢慢滋长,开始筹划抢班夺权之事。第一步:经营封邑,高筑城墙。

周代原本是等级森严的贵族社会,强调上下有别,君臣有序。小到吃穿用度,大到朝廷礼制,都有使用上的规矩,不容许僭越。譬如燕飨,唯独天子能阔气地排出九只鼎,分别盛放牛、羊、乳猪、鱼、干肉、牲肚、猪肉、鲜鱼、鲜干肉等;诸侯规格受限,允许七只鼎,盛放牛、羊、乳猪、鱼、干肉、牲肚、猪肉之类;卿大夫等而下之,陈列五只鼎,盛放羊、乳猪、鱼、干肉和牲肚;而高级的士只有三只鼎,盛放乳猪、鱼、干肉;低级的士才一只鼎,盛放干肉。

倘若严格遵循周朝体制,地方上的大型都邑,其规模不得超过国都的三分之一,中型都邑不得超过国都的五分之一,小型都邑不得超过国都的九分之一。而自从太叔段空降京邑,京邑膨胀的速度肉眼可见,显然突破了红线。

大夫祭仲率先警觉,发现苗头不对,赶紧进谏,希望君上能够及时遏止:

> 今京不度,非制也,君将不堪。……无使滋蔓。蔓,难图也。蔓草犹不可除,况君之宠弟乎!

祭仲直言道:"如今京邑规模不合法度,不是先王的制度,您将来会不堪忍受。""不要让(祸根)滋长、蔓延。蔓延起来,就难对付了。蔓延的野草尚且不可除掉,何况您受宠的弟弟呢!"听完这番诚恳的谏言,郑庄公十分感动,然后拒绝了他的建议,对段放任不管。

郑庄公不闻不问的态度,理所当然地被太叔段视为一种默许,也反映出了兄长的软弱可欺。再加上有姜氏提供强大的后台支持,段行事愈发没有顾忌,迅速启动了抢班的第二步:圈地划界,拓展版图。

太叔段先命郑国西部、北部的边邑,在隶属郑庄公的同时,也臣服于自己。不久,他又把这两处地方完全纳入自己的辖区。

大夫公子吕忧心忡忡,干脆激将了君上一把:

欲与大叔,臣请事之;若弗与,则请除之,无生民心。

公子吕不惜冒犯君颜:"您如果想把郑国交给太叔,我请求去侍奉他;如果不给,那就请除掉他。不要让百姓产生二心。"听完这番直白的谏言,郑庄公十分感动,然后拒绝了他的建议,对段放任不管。

于是乎,太叔段加速夺权,快进到了第三步:完善城郭,聚集粮食,修整好铠甲和兵器,准备好步卒与兵车,与母亲定下日期,相约里应外合,准备一举攻破郑都。

时光流转,岁月蹉跎,日子过得飞快。这一年,距离郑庄公即位过了整整二十二载。他已经从十四岁的小朋友,历经坎坷,成长为年逾三十六的中年大叔。

郑庄公暗中核实了母亲和弟弟的谋划,确信罪证凿凿,终于露出峥嵘,先发制人,施行雷霆一击:

> 公闻其期，曰："可矣！"命子封帅车二百乘以伐京。京叛大叔段。段入于鄢。公伐诸鄢。五月辛丑，大叔出奔共。

早就按捺不住的公子吕（字子封），亲率二百乘兵车直取京邑，替君上平叛。只在一夕之间，当地的百姓全部跳反，背弃了太叔段。段明显缺乏挫折教育，处乱大惊，仓皇奔往鄢邑。郑庄公哪肯罢休，挟碾压之势乘胜追击。段立足不稳，不得不再行远遁，最终逃亡共地去了。

故事的走向在此刻突然发生了戏剧性转变。回想过去的二十二年，郑庄公作为姜氏和太叔段树立的大靶子，就像是放在聚光灯下，人设被摸得通通透透。其迟钝的反射神经弧，佛系的个性，对姜氏和太叔段基本不构成任何威胁；而段则猫在坚固的城防里，噼里啪啦地点开了一堆技能树，提升武力，积蓄能量，只待释放大招。

不料剧情完全相反，"真实"的郑庄公早就深藏了起来。人生开局险恶的生存环境已经把他锤炼成精湛的演技派。表面上看，庄公对段的僭越行径仿佛置若罔闻，私底下却戒备深严，尤其在京邑内外广布眼线，一切讯息尽在掌握。太叔段自以为神不知鬼不觉的偷袭，在郑庄公看来简直就是明火执仗，估计连反叛的日期都提前标注在了备忘录里。

更加神奇的是，郑国军队兵临城下后，该处民众居然竞相倒戈，上演了一出"喜迎王师"大戏。"京城太叔"在京邑苦心经营了半辈子，到头来发现跟没做一样，外人竟是我自己。用兵之道，攻城为下，攻心为上。我们不妨畅想，郑庄公数十年如一日地紧盯着这里，花费了多少精力和心思。

上述所有的安排和部署，瞒过了姜氏，瞒过了太叔段，连带瞒过了朝中重臣祭仲和公子吕。在这一局里，郑庄公几乎凭着一己之力,力挽狂澜。

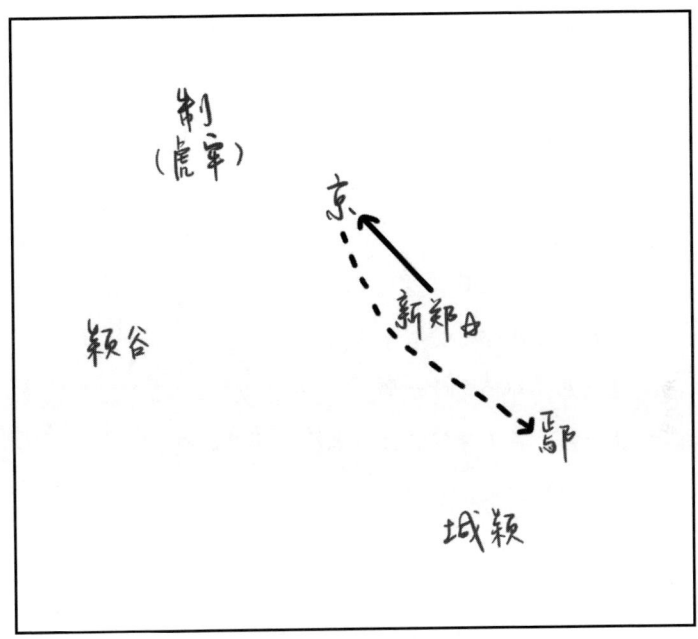

《郑伯克段于鄢》形势示意图

孔子的"编码"和《左传》的"解码"

一出波澜壮阔的逆袭爽剧,至此缓缓落下了帷幕。而在片尾,《左传》的作者突然走到台前,要跟大家分享一下幕后的花絮——关于《春秋》对此事的讲述。

原来,《郑伯克段于鄢》并非《左传》的独家版权,其最初的记载见于我国首部编年体史书《春秋》,而内容走的是干净利落的极简风。如果你翻开《春秋》,只会读到九个字:"夏五月,郑伯克段于鄢。"平淡寻常、波澜不惊。故事的时间、地点、人物、大致梗概都有，但具体的过程，事件的因果，人物的行为、性格，全部无从知晓。甚至这都不能称之为故事，干脆就是一则标题。

从某种意义上来说，《春秋》就是年度大新闻的"标题汇编"，对起自鲁隐公元年（前722），迄于鲁哀公十四年（前481）的二百四十二年间的历史做了"大纲式"的叙述。我们可以一眼阅毕《春秋·隐公元年》的全部信息：

> 元年春，王正月。
>
> 三月，公及邾仪父盟于蔑。
>
> 夏五月，郑伯克段于鄢。
>
> 秋七月，天王使宰咺来归惠公、仲子之赗。
>
> 九月，及宋人盟于宿。
>
> 冬十有二月，祭伯来。公子益师卒。

对，大家不用怀疑自己的眼睛，以上就是《春秋》记载的鲁隐公元年（前722）的所有史事。这种"标题党"的写作风格，其实折射出了早期叙事散文的质朴与简陋。脾气执拗的王安石就对此嗤之以鼻，认为不过是一堆"断烂朝报"。然而，更多的学者却笃信，《春秋》经过孔夫子的亲手编修，处处饱含微言大义。

南北朝时期，著名文学评论家刘勰撰写出皇皇巨著《文心雕龙》。《文心雕龙》尤其推崇《春秋》："褒见一字，贵逾轩冕；贬在片言，诛深斧钺。"意思是，《春秋》中的每一个字都经过孔子的反复思量，才慎重落笔，故而它寄寓着明确的褒贬，在谨严的措辞中流露出强烈的爱憎。

换言之，孔子用一种特殊的"编码方式"，将复杂的历史，以及自身的态度,封存在了最省净的文字里。而破译它的关键,就在《左传》——《左传》是《春秋左氏传》的简称,相传是史学家左丘明为了注解《春秋》而撰写的。

左丘明来到台前,现身说法,指出"郑伯克段于鄢"几个字貌似平淡,却山高水深,蕴含的信息量极大:

> 书曰:"郑伯克段于鄢。"段不弟,故不言弟;如二君,故曰克;称郑伯,讥失教也;谓之郑志。不言出奔,难之也。

段虽然是郑庄公的同胞弟弟,但是因为他对兄长不恭顺,忤逆犯上,所以孔子不认可他作为"弟弟"的身份,于是选择直书其名:"段。"同样地,孔子也不认可郑庄公作为"兄长"的身份。按照常理,兄长本来肩负着教养幼弟的责任,可是二十多年下来,郑庄公对弟弟不仅不关心,不教诲他,还一味地放任纵容他,近乎于"捧杀",最终令段铸成无可挽回的大错。

孔子甚至探求郑庄公的本心,认为他从一开始就蓄意助养段的罪孽,意图在罪无可恕之时,将段彻底诛杀。因此,孔子冷冰冰地直书他的爵位:"郑伯。"相传春秋诸侯有公、侯、伯、子、男五等爵位,而郑为伯爵。

至于"克"之一字,往往用于描述艰难战胜了旗鼓相当的对手。郑庄公与太叔段之战,前前后后拖延了二十余年,难知鹿死谁手,堪比两国国君对垒。郑庄公的胜利,如同一国君主战胜了另一国君主。所以不用"伐",不用"攻",不用"讨",而用"克"。

除此之外,如果按照《春秋》一以贯之的笔法,段战败逃亡国外,应该称他"出奔"。但是,"出奔"一词,往往隐含着对此人的批评和指责。如果贸然写上"段出奔"三字，似乎只是在怪罪段一个人。然而，根据前面的分析，郑庄公其实也有大错，不能脱责。因此孔子权衡再三，最终没用"出奔"一词……

以上，就是左丘明对"郑伯克段于鄢"的深刻理解。这似乎生动形象地向人们展示了什么叫"开局几个字，后续全靠编"。当然，也并不全然是"编"。实际上，《春秋》虽然行文简洁，但确实是简而有法，有一定的写作规范和体例。比如，杀无罪就是"杀"，杀有罪则为"诛"，下杀上写作"弑"，等等。《左传》为我们提供了解读《春秋》的一种宝贵思路。

《春秋》的"编码"辅以《左传》的"解码"，将每个汉字的包容性，以及它们组合在一起的张力，演绎到了极致。当然，更幸运的是，《左传》就着"郑伯克段于鄢"这个题目，广泛搜罗史料，为我们还原了大量的细节。

幕后花絮分享完毕，故事也正式走向结局。胜利者郑庄公一度放逐了政变失败的姜氏。或许是出于母子天性，又或者迫于舆论压力，再经由大孝子颍考叔的劝说，寤生最终选择将母亲迎回国都。于是，文章篇末留下了意味深长的几个字：

遂为母子如初。

整篇文章，首尾呼应，以"初"字始，以"初"字结。然而，遥想起初姜氏与庄公的关系，这个结尾不免引人遐想。

原文注译

初①,郑武公②娶于申③,曰武姜④。生庄公⑤及共叔段⑥。庄公寤生⑦,惊⑧姜氏,故名曰寤生,遂⑨恶⑩之。爱共叔段,欲立⑪之。亟⑫请于武公。公弗⑬许。

起初,郑武公在申国娶妻,(夫人)名为"武姜"。(武姜)生了郑庄公和共叔段。郑庄公出生时难产,使姜氏受到了惊吓,所以取名叫"寤生",(姜氏)由此厌恶他。(姜氏)喜爱共叔段,想立段为储君。(姜氏)屡次向郑武公请求。郑武公不同意。

注释

① 初:起初,古文中追叙往事的习惯用词。　② 郑武公(?~前744):春秋时期郑国第二代国君。姬姓,名掘突,谥号为"武"。西周覆亡后,郑武公护卫周平王迁都洛邑,是为东周之始。　③ 申:姜姓诸侯国,在今河南省南阳市。　④ 武姜:亦即后文之"姜氏"。郑武公之妻,"姜"为娘家姓,"武"为丈夫郑武公的谥号。　⑤ 郑庄公(前757~前701):春秋时期郑国第三代国君。姬姓,名寤生,春秋初期"小霸"中原。　⑥ 共(gōng)叔段:庄公之弟,小庄公三岁。"段"为其名;"叔"为其排行,排第三;"共"为段最终出逃之国,在今河南省辉县市。　⑦ 寤生:即难产,指胎儿的脚先出来。寤通"牾",逆着。　⑧ 惊:使动用法。令……受惊。　⑨ 遂:于是,就。　⑩ 恶:厌恶。　⑪ 立:立为太子。　⑫ 亟(qì):屡次。亟还有一音为jí,急迫,如"亟待"。　⑬ 弗:不。

及①庄公即位②，为之③请制④。公曰："制，岩邑⑤也，虢叔⑥死焉⑦。佗⑧邑唯命⑨。"请京⑩，使居之，谓之京城大⑪叔。祭仲⑫曰："都城⑬过百雉⑭，国之害⑮也。先王⑯之制：大都⑰不过参国之一⑱，中五之一；小九之一。今京不度⑲，非制⑳也，君将不堪㉑。"公曰："姜氏欲之，焉㉒辟㉓害？"对曰："姜氏何厌之有㉔！不如早为之所㉕，无使滋蔓㉖，蔓，难图㉗也。蔓草犹㉘不可除，况㉙君之宠弟乎！"公曰："多行不义必自毙㉚，子㉛姑㉜待之。"

等到郑庄公即位，（姜氏）为共叔段请求将制地作为封邑。庄公说："制，是险要的城邑，东虢国君主虢叔就死在那里。若要其他城邑，都能从命。"（姜氏）请求京邑。（庄公）让段居住在京邑，（人们）称段为"京城太叔"。大夫祭仲说："都邑的城墙如果超过三百丈，就是国家的祸患。先王规定的制度：大型都邑不超过国都的三分之一；中型的，不超过五分之一；小型的，不超过九分之一。如今京邑规模不合法度，不是先王的制度，您将来会不堪忍受。"庄公说："姜氏想要这样，哪里能逃避祸害呢？"祭仲说："姜氏哪里会满足！不如及早为段安排处所，不要让（祸根）滋长、蔓延。蔓延起来，就难对付了。蔓延的野草尚且不可除掉，何况您受宠的弟弟呢！"庄公说："多做不合乎道义的事情，必然会自己跌倒。您姑且等等吧！"

注 释

① 及：等到。　② 即位：登上君位，庄公时年十四岁。　③ 之：指共叔段。　④ 制：郑国战略要地，即"虎牢关"，传说刘、关、张三英战吕布之处，在今河南省荥阳市。　⑤ 岩邑：险要的城邑。岩，险要；邑，人群聚居的地方。　⑥ 虢（guó）叔：东虢国君主。制原为东虢国领地，后东虢被郑武公所灭，制并入郑国。　⑦ 焉：兼词，于此。　⑧ 佗：通"他"，别的。　⑨ 唯命：即唯命是听。　⑩ 京：郑国城邑，在今河南省荥阳市东南。　⑪ 大：通"太"。　⑫ 祭（zhài）仲：春秋时期郑国大夫。姬姓，祭氏，名足，字仲。　⑬ 都城：都邑的城墙。都，都邑；城：城墙。　⑭ 雉（zhì）：长三丈高一丈为一雉。　⑮ 害：祸患。　⑯ 先王：前代君王，概指西周开国君主文王、武王。　⑰ 大都：大型都邑。后文之"中"，指中型都邑；"小"，指小型都邑。　⑱ 参国之一：指国都的三分之一。参，即三；国，即国都。　⑲ 不度：不合法度。　⑳ 非制：不是先王之制。　㉑ 不堪：受不了。　㉒ 焉：哪里。　㉓ 辟：通"避"，逃避。　㉔ 何厌之有：有什么满足。厌通"餍"，满足。"何厌之有"是宾语前置结构，即"有何厌"，"有什么可以满足"之意。　㉕ 为之所：意即及早处置。为，安排；之，指共叔段；所，处所。　㉖ 无使滋蔓：不要使它滋长蔓延。无，通"毋"；滋，滋长；蔓，蔓延。　㉗ 图：筹划、对付。　㉘ 犹：尚且。　㉙ 况：何况。　㉚ 毙：倒下。　㉛ 子：您。　㉜ 姑：姑且。

既而①大叔命西鄙、北鄙②贰③于己。公子吕④曰:"国⑤不堪贰,君将若之何⑥?欲与大叔,臣请事⑦之;若弗与,则请除之,无⑧生民心⑨。"公曰:"无庸⑩,将自及⑪。"大叔又收贰⑫以为己邑,至于廪延⑬。子封曰:"可矣。厚⑭将得众⑮。"公曰:"不义不昵⑯,厚将崩⑰。"

不久,太叔命令西部、北部的边邑在隶属庄公的同时,也臣服于自己。大夫公子吕说:"国家不能容忍边邑两属的情况,您打算怎么处理这件事?您如果想把郑国交给太叔,我请求去侍奉他;如果不给,那就请除掉他。不要让百姓产生二心。"庄公说:"不用,他将自己赶上灾祸。"太叔又把两属的边邑据为己有,领地一直扩展到廪延。公子吕说:"可以动手了。势力雄厚后,就会拥有众多的百姓。"庄公说:"段对君主不义,对兄长不亲,势力雄厚也会崩塌。"

注　释

①既而:不久。　②鄙(bǐ):边邑。西鄙、北鄙,即西部边邑与北部边邑。　③贰:臣属二主。指西鄙和北鄙既臣属于郑庄公,也臣属于共叔段。　④公子吕:春秋时期郑国大夫。姬姓,名吕,字子封。　⑤国:国家。　⑥若之何:对它怎么办。　⑦事:侍奉。　⑧无:通"毋"。　⑨生民心:使民生二心。生为使动用法。　⑩无庸:即不用。无,通"毋";庸,通"用"。　⑪自及:自己赶上灾祸。及,赶上。　⑫贰:臣属两方的西鄙、北鄙。　⑬廪(lǐn)延:地名,在今河南省延津县北。　⑭厚:势力雄厚。一说指扩

大土地。⑮ 众：百姓。⑯ 不义不昵：一说"不义"与"不昵"是并列关系，指段对君主不义，对兄长不亲；一说"不义"与"不昵"是条件关系，指段多行不义，则别人不会亲近他。⑰ 崩：崩塌。

大叔完①聚②，缮③甲④兵⑤，具⑥卒⑦乘⑧，将袭⑨郑⑩，夫人⑪将启之⑫。公闻其期，曰："可矣！"命子封帅⑬车二百乘以伐京。京叛大叔段。段入⑭于鄢⑮。公伐诸⑯鄢。五月辛丑⑰，大叔出奔⑱共。

太叔修治城郭、聚集粮食，修整铠甲、兵器，准备好步卒、兵车，将要偷袭郑国国都。姜氏准备为段打开城门。郑庄公知晓了太叔发兵的日期，说："可以了。"命令公子吕率领二百辆兵车去讨伐京邑。京邑的民众背叛了太叔。太叔逃入鄢地。庄公又攻伐鄢地。五月二十三日，太叔逃亡国外，投奔共国。

注　释

① 完：修治城郭。② 聚：聚集粮食。一说聚集人民。③ 缮：修整。④ 甲：铠甲。⑤ 兵：兵器。⑥ 具：准备。⑦ 卒：步卒。⑧ 乘（shèng）：车兵。⑨ 袭：偷袭。⑩ 郑：郑国国都。⑪ 夫人：姜氏。⑫ 启之：为段开城门，即作内应。⑬ 帅：率领。⑭ 入：逃入。⑮ 鄢：在今河南省鄢陵县。⑯ 诸：兼词，之于。⑰ 五月辛丑：即当年五月二十三日。⑱ 出奔：逃亡国外。

书①曰:"郑伯克段于鄢。"段不弟,故不言弟②;如二君,故曰克③;称郑伯,讥失教也④,谓之郑志⑤。不言出奔,难之也⑥。

《春秋》记载:"郑伯克段于鄢。"段对兄长不恭顺,所以《春秋》不提他是庄公之"弟"(庄公与段兄弟相争);有如两国国君交锋,所以《春秋》用了表示势均力敌的"克"字(不称庄公为"兄");而直呼其爵位"郑伯",是讥刺他没有教诲好弟弟;暗示庄公早就有诛杀段的意图。不明言段"出奔",(因为史官认为庄公也有大错,不想只责备段一人,)左右为难。

注　释

①　书:指《春秋》。　②　段不弟,故不言弟:因为段对兄长郑庄公不恭顺,所以《春秋》不认可段作为"弟"的身份,而直书其名曰"段"。弟,通"悌"(tì),指顺从兄长。　③　如二君,故曰克:郑庄公与段之战,可比两国国君之战。庄公胜利,如同一国君主战胜另一国君主。克,战胜,往往用于描述势均力敌的双方。　④　称郑伯,失教也:兄长本有教养幼弟的责任,但二十年来,郑庄公对段不予教诲,放任纵容,最终令段铸下大错。所以《春秋》经文不认可庄公作为"兄"的身份,而直书其爵位曰"郑伯"。春秋有公、侯、伯、子、男五等爵位,郑为伯爵。　⑤　谓之郑志:郑志,即郑庄公之意志。《春秋》探求庄公的本心,认为庄公从一开始就蓄意助养段的罪孽,意图在合适的时机将段彻底诛杀。　⑥　不言出奔,难之也:按《春秋》笔法,写明"出奔"者往往有罪。若经文直书"段出奔"

三字，就是在罪责段一人。但是据上述分析，庄公也有大错，并非无责。所以撰史之人左右为难，最终不用"出奔"一词。

遂寘①姜氏于城颍②而誓之曰："不及黄泉③，无④相见也！"既而⑤悔之。

（郑庄公）把姜氏安置在了城颍，对她发誓说："不到黄泉，不再见面！"不久又后悔了。

注释

① 寘：通"置"，放置，实为放逐。　② 城颍：在今河南省临颍县西北。　③ 黄泉：地下泉水，喻墓穴，指死后。　④ 无：通"毋"。　⑤ 既而：不久。

颍考叔①为颍谷②封人③，闻之，有献④于公。公赐之食。食舍⑤肉。公问之，对曰："小人⑥有母，皆尝⑦小人之食矣，未尝君之羹⑧，请以遗之⑨。"公曰："尔⑩有母遗，繄⑪我独无！"颍考叔曰："敢⑫问何谓⑬也？"公语⑭之故⑮，且告之悔。对曰："君何患⑯

颍考叔是颍谷掌管疆界的官员，听说了此事，便进献贡品给郑庄公。庄公赐给他食物。（颍考叔）在吃的时候，把肉放置在一旁。庄公询问他原因。他回答道："小人有母亲，总是吃我给她准备的食物，还从未尝过君主赏赐的肉羹。我请求把这些转赠给她。"庄公说："你有母亲可以赠肉，唉，唯独我没有！"

焉⑰？若阙⑱地及泉，隧⑲而相见，其⑳谁曰不然㉑？"公从之。公入㉒而赋㉓："大隧之中，其㉔乐也㉕融融㉖。"姜出而赋："大隧之外，其乐也泄泄㉗。"遂为母子如初。

颍考叔说："冒昧地问，这是什么意思呢？"庄公告诉了颍考叔缘故，并且告诉他自己的悔意。颍考叔回答道："君主在担心什么！如果挖掘土地直到出现泉水，然后凿出一条隧道，在里面相见。谁能说不是在黄泉相见的呢？"庄公听从了颍考叔的话。庄公进入隧道，赋诗说："大隧之中，其乐融融！"姜氏走出隧道，也赋诗说："大隧之外，自由自在！"于是作为母子像起初那样。

注 释

① 颍考叔：春秋时期郑国大夫，管理颍地。十年后郑国攻伐许国，颍考叔随庄公出征，被郑国大夫子都暗箭射杀。　② 颍谷：郑国边邑，在今河南省登封市西南。　③ 封人：管理疆界的官员。　④ 献：进献的物品。　⑤ 舍：放置在一旁。　⑥ 小人：颍考叔自己的谦称。　⑦ 尝：吃过。　⑧ 羹：带汁的肉。　⑨ 遗（wèi）：赠予。　⑩ 尔：你。　⑪ 繄（yī）：句首语气词。　⑫ 敢：表敬副词，即冒昧之意。　⑬ 何谓：宾语前置结构，即"谓何"，说的是什么意思。　⑭ 语（yù）：告诉。　⑮ 故：缘故。　⑯ 何患：宾语前置结构，即"患何"，担心什么。　⑰ 焉：兼词，于此。　⑱ 阙：通"掘"，挖掘。　⑲ 隧：挖隧道。　⑳ 其：语气词，反问。　㉑ 然：这样，

指黄泉相见。 ㉒ 入：进入隧道。 ㉓ 赋：赋诗。 ㉔ 其：代词，那。 ㉕ 也：语气词，停顿。 ㉖ 融融：和睦快乐。 ㉗ 泄泄：自由自在。

君子曰①："颍考叔，纯②孝也。爱其母，施③及庄公。《诗》④曰：'孝子不匮⑤，永⑥锡⑦尔类⑧。'其⑨是之谓⑩乎！"

君子说："颍考叔，孝行太纯正了！爱自己的母亲，还扩展到了郑庄公。《诗经·大雅·既醉》称：'孝子尽孝没有竭尽之时，上天会长久赐予你们（福禄）。'大概说的就是这种情况吧！"

① 君子曰：《左传》《国语》《战国策》及先秦诸子著作，常有"君子曰"。有时是作者自己发表议论，有时是作者引用他人的言辞。 ② 纯：纯正。 ③ 施（yì）：扩展。 ④ 《诗》：此处引诗出自《诗经·大雅·既醉》。 ⑤ 匮：竭尽。 ⑥ 永：长久。 ⑦ 锡：通"赐"，赐予。 ⑧ 尔类：尔辈。 ⑨ 其：语气词，揣测。 ⑩ 是之谓：宾语前置结构，即"谓是"，说的就是这种情况。

文史常识

⊙ 古代君主一般会有几个"名字"？

我们今天提及古代的君主，当然不用顾虑避讳，大可以直呼其名，譬如杨广、李世民、赵匡胤、朱元璋，等等。但除此以外，还是存在着一些约定俗成的称谓习惯。大体来说有三种方式：谥号、庙号、年号。

"谥号"是指人死之后，后人结合他一辈子的所作所为，给予一个字或者若干字，有褒有贬的评价。周代至魏晋的君主，我们称呼谥号较多。如上面提到的周幽王、郑桓公、郑武公，包括后来的秦穆公、楚怀王、汉文帝、晋武帝，等等。

"庙号"是指君主死后，作为"祖宗"，被后人供奉于太庙时所书写的名号。唐宋皇帝一般被称呼庙号较多。如唐高祖、唐太宗、宋仁宗、宋孝宗，等等。

"年号"则为汉武帝的发明创造，用于纪年。历代帝王只要新登基，都要精心设计个性化专属年号。而一旦遇到天降祥瑞，抑或内外忧患等要紧事，也喜欢更新年号。故一位皇帝所用年号少则一个，多则十几个。唯独明清皇帝特别"专一"，基本上人均一个年号，如洪武皇帝、万历皇帝、康熙皇帝、乾隆皇帝，等等。

⊙孔子与《春秋》是什么关系？

古人通常认为，《春秋》乃孔子亲笔撰写，每一个字都蕴含深意，需要仔细揣摩。后世解说《春秋》的学者极多，并逐渐形成了三大流派，传承下来三本著作：《春秋公羊传》《春秋穀梁传》《春秋左氏传》。《春秋公羊传》与《春秋穀梁传》主要从政治哲学、伦理道德等维度，阐发《春秋》的微言大义；而《春秋左氏传》主要对《春秋》进行史实补充，间或有一些评论。

实际上，《春秋》原本是鲁国史书，也是我国保存至今最早的编年体史书。或许曾经过孔子的修订，一度是孔子设帐授徒的教材。就其写作特点而言，《春秋》对前722年至前481年的史事，做了十分简洁的大纲式的叙述。前叙整篇故事,历尽曲折,却仅用六个字"郑伯克段于鄢"加以囊括,可以窥见该书风格。

文言语法

⊙ 使动用法

文言文中存在一种特殊的语法现象——使动用法。所谓使动用法,是指谓语"使宾语怎么样"了。例如,本篇《郑伯克段于鄢》中"庄公寤生,惊姜氏"的"惊姜氏",应翻译为"使姜氏受惊"。

不妨比较一下《史记·孙膑列传》中的两句话:

①齐使田忌将而往。

②齐威王欲将孙膑。

上述两句话中的"将"字都用作动词。但是,句①"齐使田忌将而往"的"将"字前面,还有一个动词"使"字。于是,"田忌"既作了"使"的宾语,同时又兼作了"将"的主语。这种结构被学者们称为"递系结构"。该结构在现代汉语中十分常见。如"老师叮嘱我们看书","班长通知大家返校","你提醒他接听电话",不一而足。

句②"齐威王欲将孙膑",其实就是"齐威王使孙膑将"的意思,但没有使用递系结构,而采用了使动用法。谓语动词"将"的含义是:使宾语"孙膑"成为"将"。

由此可见,文言文中的使动用法,本质上就是用"动词+宾语"的形式,来表达递系结构的含义。但由于在古代,递系结构比较少见,使动用法相应便大量存在。

值得注意的是,"动词+宾语"本身是极为普遍的"动宾词组",

因此在文章中到底是不是用作"使动",仅从外表无法区分,只能结合语境,具体情况具体分析。

试看一组例句:

①孟子将朝王。(《孟子·公孙丑下》)

②武丁朝诸侯。(《孟子·公孙丑上》)

句①"孟子将朝王",可以直接翻译为:"孟子将朝觐君王。"句中的"朝王"是普通的动宾词组。而句②"武丁朝诸侯",却不能翻译为:"武丁朝觐诸侯。"因为武丁是商朝的天子,该句只能理解为:"武丁使诸侯朝觐自己。"句中的"朝诸侯"是使动用法。

又如下面的例句:

①单于愈益欲降之。(《汉书·苏武传》)

②与昆邪王俱降汉。(《汉书·苏武传》)

句①"单于愈益欲降之",应该理解为:"单于愈加想要让苏武归降。"句中的"降之"是使动用法。而句②"与昆邪王俱降汉",根据上下文则直接翻译为:"与昆邪王一起归降了汉朝。"句中的"降汉"就是普通的动宾词组。

当然,使动用法不仅有"动词+宾语"的形式,还可以是"形容词+宾语"的形式——使宾语具备该形容词的状态,抑或是"名词+宾语"——使宾语成为该名词所指称的事物。

前者如:

①夫治国之道,必先富民。(《管子·治国》)

"富"为使动用法。

②会盟而谋弱秦。(贾谊《过秦论》)

"弱"为使动用法。

③春风又绿江南岸。(王安石《泊船瓜洲》)

"绿"为使动用法。

后者如：

①先破秦入咸阳者王之。(《史记·项羽本纪》)

"王"为使动用法。

②不官无功之臣。(曹操《论吏士行能令》)

"官"为使动用法。

③徐孺下陈蕃之榻。(王勃《滕王阁序》)

"下"为使动用法。

曹刿论战

选自《左传·庄公十年》

人物关系

鲁庄公 ——————— **曹刿**
春秋时期鲁国国君　　　　　春秋时期鲁国军事家

文章导读

前720年,迁都洛邑半个世纪后,年迈的周平王与世长辞,临终前将天子的尊位和混乱的时局一并交到了嫡孙周桓王手中(平王太子早亡)。

此时距离"郑伯克段于鄢"已经过去了两年,彻底拔除内患的郑庄公意气飞扬。入朝承袭父职,仍是周王室卿士,位尊爵显,风头一时无两;出外,则厉兵秣马,与左近的宋、卫、陈、蔡等诸侯国互有征伐,基本上稳压群雄一筹。

周桓王忌惮郑国的豪横,遂萌生了分化庄公权力的想法。郑庄公强硬回应,出兵收割了王室的麦子与禾稻。桓王不堪忍受臣子的跋扈，干脆免去了庄公王朝卿士的职务。郑庄公粗暴还击，直接废弃了朝觐天子的礼节。

周桓王气得快失了智，为了"挽尊"，亲自率领王师，并征调陈、蔡、卫三国之军，合力讨伐郑国。郑庄公则统驭精兵迎敌于繻葛。一场激斗，联军大败亏输。桓王本人也被流矢射中肩头，被迫冷静下来，脱离了战场。

经此一役，周天子颜面扫地，跌跌撞撞步下了中央神坛。周朝的黄金年代——"礼乐征伐自天子出"，诸侯、卿、大夫、士各安其位，内外相谐，尊祖敬宗的局面——从此一去不复返。春秋将变得越来越像"春秋"："弑君三十六，亡国五十二，诸侯奔走不得保其社稷者不可胜数。"（《史记·太史公自序》）

与之同时，郑庄公一战封神，走上了人生巅峰，被后世推崇为"小霸"中原。颇为可惜的是，郑国的地理环境锁死了自身发展的上限。终春秋二百四十余年，郑国身处中国之要害，四面劲敌环伺，无以扩张，疆域有限。举凡一州十一县，俱不出今天的河南省，说到底难称大邦。事实上，春秋重要诸侯国的疆域次第，大致为楚、晋、吴、齐、秦、越、燕、宋、鲁、卫、郑。故一代枭雄郑庄公辞世以后，诸子争位，朝政混乱，郑国的实力和地位江河日下，很快沦为了二流国家。

而紧随着郑庄公的步伐，齐桓公、晋文公、秦穆公、楚庄王等真正的霸主将会次第登上政治舞台。

齐桓与鲁庄

政治舞台的中心，首先挪向了山东半岛。山东半岛的中部，耸立着五岳之首泰山。以泰山为界，鲁、齐两国大致南、北分向而立，边界犬牙交错。齐国幅员辽阔，面朝大海，国富民强；鲁国版图相对局促，扎根中原，博文知礼。

《史记·鲁周公世家》记载了一则颇富象征意味的故事：

> 周公伯禽之初受封之鲁，三年而后报政周公。周公曰："何迟也。"伯禽曰："变其俗，革其礼，丧三年然后除之，故迟。"太公亦封于齐，五月而报政周公。周公曰："何疾也？"曰："吾简其君臣礼，从其俗也。"

起初，周公的嫡长子伯禽被封在鲁国。三年后，还朝给父亲汇报工作。周公觉得很奇怪："为什么回来得这么晚？"伯禽老老实实地回答："我要改变当地的风俗，推广咱们的礼乐制度。父亲死了需要守孝三年，我得盯着他们服丧，所以回来迟了。"

作为重要的对照组，姜太公被封在隔壁的齐国，只去了五个月就回来向周公复命。周公都惊呆了："为什么回来得这么快？"姜太公洒脱地答复："地方上的风俗都挺好，我顺着民众的意思，简化了君臣的礼节，事儿已经全办完了。"

鲁、齐两国的风格就此奠定。鲁国如同出身名门的子弟，运功习武一丝不苟，每招每式合乎法度，力求严谨；而齐国仿佛江湖上闯荡的浪客，出手顺势而为，任意所至，只要实用就行。

有些时候，齐国会佩服鲁国真有文化，特懂礼仪。譬如鲁桓公六年（前706），中原诸侯帮助齐国击败了北戎，齐国为大家准备好了厚礼，就直接越过了如日中天的郑庄公，再三恳请鲁国来分配。

至于另外一些时候，齐国就直接把鲁国当老实人往死里欺负了。譬如鲁桓公十八年（前694），桓公陪夫人文姜回老家齐国看看，不料文姜的哥哥齐襄公竟然与她私通,鲁桓公三观被震得稀碎。

对于这件事情,《左传》实在羞于启齿,含糊两句就带了过去。只说鲁桓公对夫人的不道德行为予以强烈谴责,齐襄公得知后邀请桓公宴饮,最后"公薨于车"。桓公竟然就死了。

《公羊传》则化身为报道"狗血"新闻的"娱记",把后续的情节说得有鼻子有眼——文姜偷偷跟哥哥打小报告:"夫君说了,我的儿子不是他的儿子,而是你的儿子。"齐襄公惊怒交加,外甥眼瞅着都十二岁了,跟我能有什么关系?!他于是把妹夫叫过来喝酒谈心,并令公子彭生将大醉的鲁桓公扶上车,趁机勒断了他的肋骨,杀死了他。

十二岁的小外甥不得不直面惨淡的人生,正视魔幻的现实:妈妈跟舅舅跑了,爸爸被舅舅杀了。还没来得及消化这一切,他就在臣子们的拥立下承袭了诸侯爵位,是为鲁庄公,也就是本篇《曹刿论战》的主角之一。

光阴荏苒,乌飞兔走,一转眼就到了鲁庄公八年(前686)。齐国权贵终于不堪忍受国君的荒淫和暴虐,掀起了一场政变,齐襄公死于内斗。混乱之中,大夫管仲和召忽协同襄公的弟弟公子纠出逃,来到鲁国。而在此前,大夫鲍叔牙早就敏锐地觉察到祸乱即将发生,已经护着襄公的另一名弟弟公子小白流亡莒国。

接下来的故事,大家就很熟悉了。齐国局势稍微稳定后,众人意识到君位空悬,鲁庄公的两位舅舅——公子纠和公子小白立刻展开了一场奔赴祖国的生死竞速,先到者为君。而管仲剑走偏锋,带人堵截了从莒至齐的必经之路,还一箭射中了小白腰带上的挂钩。没料到小白剑锋更偏,索性躺平装死,瞒过管仲之后,星夜兼途,成为这场赛跑的赢家,也就是后来鼎鼎大名的齐桓公。

鲁庄公九年（前685）的秋天，血气方刚的外甥怀着复杂的心情，亲自领兵讨伐齐国，要将舅舅纠强行送回齐都临淄（今山东省淄博市），而将舅舅小白用武力驱逐出去。两国军队交战于齐地乾时，鲁军脆败。

齐国尽管刚刚经历了大动荡，但还是展示了强国的底蕴，鲁庄公输得连自己的战车都不要了，只身脱逃。若不是御者和车右打着他的旗帜诱敌，把齐军一路带跑偏，庄公注定会沦为俘虏。

乾时战罢，鲁国迫于严峻的形势，不得已处死了公子纠，又把管仲和召忽做成大礼包送给了齐桓公。召忽坚持原则，不肯折腰，以身殉主；管仲则在鲍叔牙的保荐下，成为了齐桓公的国相，开启了一段传奇的职业生涯。

但是，战争并没有随之而结束，齐国的戎车继续往前推进，抵达了鲁地长勺，抄小路狼狈跑回家的鲁庄公已经退无可退。

舌尖上的歧视

很多年以后，二十二岁的鲁庄公一身戎装，出现在长勺的战场上，听着耳旁风声猎猎时，他应该会回想起父亲枉死在齐国的那个遥远的夏天。而在战场的另一端，同样遥远的临淄宫殿里，初践君位的齐桓公得到了管仲的辅佐，正大刀阔斧地推行改革，他们的目标是星辰大海。

不出意外，一个崭新的时代即将到来。然后本篇文章的另一位主角，曹刿施施然走上前去，伸手搅了一把，让原本缺少变数的历史横生波澜：

> 十年春，齐师伐我。公将战，曹刿请见。

鲁庄公十年（前684）的春天，齐国携乾时一役战胜的余威，引兵来犯。回到主场的鲁庄公拒绝认输，决意跟对方死磕。然而，鲁军新败之余，前途未卜。在最紧要的关头，曹刿请求觐见。

《左传》的作者毕竟见惯了烽烟四起、波澜壮阔的大场面，报道局部战斗时游刃有余，信手插叙了一则信息：

> 其乡人曰："肉食者谋之，又何间焉？"

曹刿的"乡人"劝诫他："有权位的人会谋划这场战役，你又何必参与其中？"——什么是"乡人"呢？在我们今天的语境中，"乡人"自带憨厚淳朴抑或粗野鄙陋的味道，一股浓郁的乡土气息扑面而来。可是，此处的"乡人"却十分不同，曹刿和他的小伙伴们绝非野蛮生长的草根。

话说西周至春秋数百年间，国家一度流行过"乡遂制度"，周王畿与诸侯国内部普遍存在着"国""野"之分。都城连同附近的郊、乡，合称为"国"，而更加偏远的地方就是"野"。国与野不单纯是空间上的隔离，也深刻影响了当时的社会组织和等级观念。因为在不同的区域里，居民往往拥有不同的宗族血缘，也扮演着不同的政治角色。

提及"野人"，通常指那些被统治的黎庶；而"乡人"则是"国人"的一部分，其核心乃底层的贵族——士。一方面，他们有机会以特殊的形式参与机要国是。如果遇到难决的军政问题，开明的君主会召开座谈会，征询大家的意见。而另一方面，他们还拥有不错的军事实力。春秋时期的战争,有兵车冲阵,也有步卒格斗,但归根结底以车战为主。士从小学习的功课,恰好就包含"射"与"御",因此谙熟车战技能,披甲征伐遂成为他们的特权与职责。

虽然如此,可拘礼的春秋毕竟不是张扬无忌的战国。士蕴藏着巨大的潜力,却还没有"觉醒"。君主礼贤下士,游士纵横捭阖的时代尚在不可预见的未来。尤其是曹刿所处的春秋前期,诸侯和卿大夫才是国家的话事人。曹刿诚然不是社会上的草根,但也只是贵族里的基层,需要低调本分。因此,面对他的跃跃欲试,其乡人给予了友好的提醒。

于是,曹刿说出了那句耳熟能详的话:

> 刿曰:"肉食者鄙,未能远谋。"遂入见。

曹刿说:"肉食者们目光短浅,不能深谋远虑。"于是入朝,觐见庄公。——什么是"肉食者"呢?看到这三个字,可能很多人都会不自觉地脑补出肥头大耳、满嘴油光、啃着酱肘子的人物形象。其实亦大谬不然。

华夏民族向来以农耕立国,栽培五谷和果蔬是我们深入灵魂的诉求。"嫦娥五号"第一次从外太空带回月壤后,广大网友首先关心的是月球上能不能种菜。先秦时期供,由于供应肉食的牲畜十分有限,致使人们在食谱上形成了严重的鄙视链。身份卑贱者不得不用粗粝的野蔬充饥果腹;富贵之家方可以把精细的粮食作物当作主食,再配上新鲜的蔬菜;只有跨越了社会阶层,成为大夫及以上的勋贵,才有每天食肉的机会。

简言之,多菜少粮,不及肉羹,是普通民众饮食的常态。而肉食之难得、罕有，一度限制了人们的想象力。后世学者愤愤不平地说起夏桀、商纣的穷奢极欲时，无非就是"以酒为池，悬肉为林"而已；孔子赞美《韶乐》之引人入胜时，直言听闻后"三月不知肉味"；屈原作《招魂》以抚慰亡灵时，用了一大堆看起来就很好吃的肉制品："肥牛之腱，臑若芳些。和酸若苦，陈吴羹些。胹鳖炮羔，有柘浆些。鹄酸臇凫，煎鸿鸧些。露鸡臛蠵，厉而不爽些。"至于《孟子·梁惠王上》，曾对美好人生进行过详细的憧憬："鸡豚狗彘之畜，无失其时，七十者可以食肉矣。"在理想的社会里，如果风调雨顺，那么年届七十的老人可以获得吃肉的福分。

因此，"肉食"既是对物质财富的炫耀，更是实实在在的地位和权力的象征。曹刿口中的"肉食者"，是攀附在鲁国权力金字塔上层的世袭贵胄。食肉对他们来说是一种流程烦琐却又充满仪式感的生活方式：带骨的肉要放在左侧，纯肉块则放在右边；如果有干肉，那么弯曲部位的大块放在左面，而直条小块放在右方顺手处；带汁的湿肉需要用牙咬，碰到干肉则要用手撕，不一而足（《礼记·曲礼》）。

曹刿目前或许尚处于"草食"阶段，但是他有强烈的信心让鲁庄公接纳自己，一起挫败强齐，顺道实现舌尖上的飞跃。

鲁庄公的手牌

曹刿开门见山问鲁庄公："凭借什么作战？"眼前的局势一目了然，鲁弱齐强，国君刚刚输了一场。当下的难题颇为棘手，如何能够以弱胜强，逆转翻盘？而针对这类题目，时人其实给出过一份"参考答案"："小之能敌大也""忠于民而信于神也。"小国之所以能抵敌大国，是因为国君忠诚于百姓，并且取信于神明。这是鲁庄公出生那年，随国贤大夫季梁面对咄咄逼人的楚国，向随君进献的宝贵箴言。

答案的踩分点，曹刿十分清楚。但他不清楚君上是否把当代史复习到位了。令人欣喜的是，鲁庄公的思考方向跟季梁高度一致：

> 公曰："衣食所安，弗敢专也，必以分人。"对曰："小惠未遍，民弗从也。"公曰："牺牲玉帛，弗敢加也，必以信。"对曰："小信未孚，神弗福也。"公曰："小大之狱，虽不能察，必以情。"对曰："忠之属也，可以一战，战，则请从。"

鲁庄公率先回复："衣食这类用来安身的东西，不敢独自享有，一定把（它们）分给别人。"曹刿说："小恩小惠没有普及，百姓不会听从（您）。"庄公说："祭祀用的牺牲、玉、帛，不敢虚报，一定按照实情（对待鬼神）。"曹刿再说："小信用未能让神灵信服，神不会保佑（您）。"庄公说："大大小小的诉讼案件，即使不能审查清楚，一定按照诚心审查。"曹刿说："是尽职分之类的事情，可以凭借（这个）打一仗。作战时请允许（我）跟从。"

这三组对白着实有些玄妙，相信喜欢刨根问底的读者都会疑惑：明察诉讼的"忠"，为什么就比祭祀神明的"信"和分人衣食的"惠"要了不起？曹刿判断的依据在哪里？好在《左传》的姊妹篇——《国语》，给出了进一步的说明：

> 长勺之战，曹刿问所以战于庄公。公曰："余不爱衣食于民，不爱牲玉于神。"对曰："夫惠本而后民归之志，民和而后神降之福。若布德于民而平均其政事，君子务治而小人务力，动

不违时，器不过用，财用不匮，莫不能使共祀。是以用民无不听，求福无不丰。今将惠以小赐，祀以独恭。小赐不咸，独恭不优。不咸，民不归也；不优，神弗福也。将何以战？夫民求不匮于财，而神求优裕于享者也，故不可以不本。"公曰："余听狱虽不能察，必以情断之。"对曰："是则可矣。知夫苟中心图民，智虽弗及，必将至焉。"

上述内容与《曹刿论战》所言近似，只不过更加直截了当。曹刿指出，施舍出去的衣食，不能遍及于民众，因此只算是小恩惠；独自向神灵献祭，纵然态度再恭顺，供奉也不至于很丰裕。换言之，试图用"惠"去赢得民心，用"信"来拉拢神明，本质上都是"利诱"。那就得走量，否则显不出效用。

但是，殚精竭虑地审理每一桩案情，证明君上确实牵挂着臣民，就算个人能力有限，无法做到完美，也符合了正确的治国之道。一言以蔽之，治鲁十年，庄公走心了。

千载之下，隋代大儒王通生发过感慨："以利相交，利尽则散；以势相交，势败则倾；以权相交，权失则弃；以情相交，情断则伤；唯以心相交，方能成其久远。"长勺之战时的鲁庄公，庶几近之。

事实上，如果我们跳出长勺这个狭小的圈子，顾盼前后历史，就会发现年轻的鲁庄公极有可能是一个"宝藏国君"。虽然从小亲历了"闻者伤心，听者落泪"的惨剧，但他的性格并没有黑化，在待人接物上还能一片至诚。这在诸侯身上尤其不容易见到。

有一回，鲁国与宋国交战，庄公用一支叫"金仆姑"的箭射中了对面的超级猛将南宫长万，随后将其俘虏。接下来的一段时间，鲁庄公并没有将猛将兄囚禁，反而散养在宫里，不予拘束，和平共处，等到鲁、宋关系缓和后,把他送了回去。

只短短几个月的相处,猛将兄直接被感化,变成了鲁庄公的铁粉。按照《公羊传》绘声绘色的演绎,南宫长万居然当着宋闵公的面,高唱了一曲鲁庄公的赞歌:"甚矣,鲁侯之淑,鲁侯之美也!天下诸侯宜为君者,唯鲁侯尔!"——太了不起了!鲁侯的善良,鲁侯的俊美!普天下的诸侯适宜做国君的,只有鲁侯而已!

如果这个故事是真的,则充分彰显了鲁庄公神奇的魅力,令敌人心折;如果这个故事是编的,也适足说明鲁庄公在民间传说里拥有漂亮的人设。尤其考虑到《公羊传》的特殊"出身":它起源于齐国,在齐地广泛流传。由此可见,鲁庄公出色的口碑甚至播散到了齐桓公的地盘儿。

让我们回到长勺。鲁庄公一贯以诚心对待子民,逐渐拥有了上述魅力、人设和口碑。这就是主场作战的鲁庄公最后的手牌。

谋略之臣?刺客之祖?

曹刿听完鲁庄公的回复,初步预判了战争的走向,也借由简短的对答展示了自己超越"肉食者"的政治智慧和理论高度。尔后局势的发展,基本不出他的掌控,还大秀起了微操艺术:

> 公与之乘,战于长勺。公将鼓之,刿曰:"未可。"齐人三鼓。刿曰:"可矣!"齐师败绩。公将驰之,刿曰:"未可。"下,视其辙,登轼而望之,曰:"可矣!"遂逐齐师。

春秋前期的战争,尚属"贵族们的竞技",风气敦朴,不像后世那般充满欺瞒和诡诈。交战双方一般选择平坦的地势,约定好时间,准时出场。待兵车排列严整,便擂鼓进军,相互冲阵,各凭硬实力取胜。因为投入的兵力有限,往往半天就能决出输赢。技不如人的一方保留着尊严与风度,自觉退场。

然而,那年在长勺,齐军上上下下都体验到了曹刿对游戏规则的"践踏"。话说齐人一通鼓击罢,阵脚荡开,戎车出动。鲁庄公正要还击,被曹刿一把拦住:"不可!"齐军望见敌阵毫无反应,怀疑自己鼓声不够热烈,只好停下来再敲。不料鲁军仍旧鸦雀无声。齐军莫名其妙,尬在原地,弱弱地第三次试探。曹刿说:"可以了!"鲁庄公突然擂鼓发令,兵士长驱大进,对方措手不及,一溃千里。

庄公亟待雪耻,正要驱车进击,被曹刿一把拦住:"不可。"他跳下战车,看清楚前方车辙一片混乱,又望见远处战旗纷纷倒下,确信齐军是真败了,这时才说:"可以了!"鲁庄公追亡逐北,长出了胸中一口恶气。

迤逦行文至此,《曹刿论战》终于步入尾声。作为一流的谋略家,曹刿的形象永远定格于史册。然而,有趣的是,长期以来,齐、鲁大地上还散布着与曹刿(亦写作"曹沫",刿、沫二字古音相近,可通假)有关的其他传说,最为有名的莫过于"曹子手剑劫桓公"。

在这里,我们又要请出老朋友《公羊传》。一旦进入八卦状态,它就变得声情并茂:

> 庄公将会于桓,曹子进曰:"君之意何如?"庄公曰:"寡人之生,则不若死矣。"曹子曰:"然则君请当其君,臣请当其臣。"庄公曰:"诺。"于是会乎桓。庄公升坛,曹子手剑而从之。管子进曰:"君何求乎?"曹子曰:"城坏压竟,君不图与?"管子曰:"然则君将何求?"曹子曰:"愿请汶阳之田。"管子顾曰:"君

许诺。"桓公曰:"诺。"

据说,长勺一役后,鲁、齐两国持续交锋,而鲁国到底不是齐国的对手,沦丧了大片领土。不得已,鲁庄公选择向齐桓公低头,提出了结盟的恳求,双方相会于柯。

鲁庄公对曹刿一声叹息:"寡人之生,则不若死矣。"于是,曹刿狠狠地回复:"然则君请当其君,臣请当其臣。"——您去对付齐侯,我来收拾管仲!等到会盟仪式开启,两国国君登坛,身边重要的臣子紧随。在一片庄严肃穆、友好和谐的氛围中,暗藏匕首的曹刿突然冲上前劫持了齐桓公,逼迫他归还了鲁国的土地。终于,桓公与管仲也近距离体验到了曹刿对游戏规则的"践踏"。

这个充满传奇色彩的故事,深得司马迁的喜爱,被他郑而重之地写入了《史记》,置于《刺客列传》的篇首:

> 曹沫者,鲁人也,以勇力事鲁庄公。庄公好力。曹沫为鲁将,与齐战,三败北。鲁庄公惧,乃献遂邑之地以和,犹复以为将。齐桓公许与鲁会于柯而盟。桓公与庄公既盟于坛上,曹沫执匕首劫齐桓公。桓公左右莫敢动,而问曰:"子将何欲?"曹沫曰:"齐强鲁弱,而大国侵鲁亦以甚矣。今鲁城坏即压齐境,君其图之!"桓公乃许尽归鲁之侵地。

从此以后,曹刿又以"刺客之祖"的身份久久为后人所铭记。

另外,有一个小细节值得注意。曹刿斩钉截铁地说出"然则君请当其君,臣请当其臣"的时候,意味着其爵位几乎和齐国卿大夫管仲对等。曹刿已然步入"肉食者"的行列,实现了舌尖上的飞跃。

原文注译

十年①春，齐师②伐我③。公④将战，曹刿⑤请见。其乡人⑥曰："肉食者⑦谋之，又何间⑧焉⑨？"刿曰："肉食者鄙⑩，未能远谋。"遂入见。

鲁庄公十年的春天，齐国军队攻打我们鲁国。鲁庄公准备迎战，曹刿请求进见。他的同乡说："有权位的人会谋划这场战役，你又何必参与其中？"曹刿说："有权位的人目光短浅，不能深谋远虑。"于是，（曹刿）进见（庄公）。

注 释

① 十年：鲁庄公十年，即前684年。　② 师：军队。　③ 我：《左传》是按照鲁国纪年顺序编写的，所以称鲁国为"我"。　④ 公：即鲁庄公（前706～前662），春秋时期鲁国国君。姬姓，名同。　⑤ 曹刿（guì）：鲁国人。有的古书认为就是《史记·刺客列传》中的曹沫。　⑥ 乡人：同一个乡的人。乡是古代的一种地方行政单位，相传周制以一万二千五百户为乡。　⑦ 肉食者：吃肉的人，指有权位的上层人物。　⑧ 间（jiàn）：参与。　⑨ 焉：兼词，于此。　⑩ 鄙：浅陋。这里指目光短浅。

问："何以战①？"公曰："衣食所安②，弗敢专③也，必以分人④。"对曰："小惠未遍⑤，民

（曹刿）问："凭借什么作战？"庄公说："衣食这类用来安身的东西，不敢独自享有，一定把（它们）

弗从⑥也。"公曰:"牺牲玉帛⑦,弗敢加⑧也,必以信⑨。"对曰:"小信未孚⑩,神弗福⑪也。"公曰:"小大之狱⑫,虽⑬不能察⑭,必以情⑮。"对曰:"忠之属也⑯,可以一战⑰,战,则请从⑱。"

分给别人。"曹刿说:"小恩小惠没有普及,百姓不会听从(您)。"庄公说:"祭祀用的牺牲、玉、帛,不敢虚报,一定按照实情(对待鬼神)。"曹刿说:"小信用未能让神灵信服,神不会保佑(您)。"庄公说:"大大小小的诉讼案件,即使不能审查清楚,一定按照诚心(审查)。"曹刿说:"是尽职分之类的事情,可以凭借(这个)打一仗。作战时请允许(我)跟从。"

注 释

① 何以战:宾语前置结构。即"以何战",凭借什么作战? 以,凭、靠。　② 衣食所安:衣食这类用来安身的东西。安,指安身。　③ 专:独自享有。　④ 必以分人:即"必以之分人",一定把它们分给别人。　⑤ 遍:遍及,普遍。　⑥ 从:听从。　⑦ 牺牲玉帛(bó):古代祭祀用的祭品。牺牲,指祭祀用的纯色全体牲畜。玉帛,祭祀用的玉和丝织品。　⑧ 加:虚报,夸大。　⑨ 信:实情。　⑩ 小信未孚(fú):小信用未能让神灵信服。孚,使信服。　⑪ 福:赐福,保佑。　⑫ 狱:指诉讼案件。　⑬ 虽:即使。　⑭ 察:明察,审查清楚。　⑮ 情:诚,诚实。这里指诚心。　⑯ 忠之属也:是尽职分之类的事情。忠,尽力做好分内的事。属,类。　⑰ 可以一战:即"可以之一战",可以凭借(这个)打一仗。　⑱ 从:跟随。

公与之乘①,战于长勺②。公将鼓之③,刿曰:"未可。"齐人三鼓。刿曰:"可矣。"齐师败绩④。公将驰之⑤,刿曰:"未可。"下,视⑥其辙⑦,登轼⑧而望之,曰:"可矣!"遂逐齐师。

庄公和他同乘一辆战车,在长勺和齐军交战。庄公要击鼓进军,曹刿说:"不行。"齐国人擂了三通战鼓。曹刿说:"可以了。"齐军大败。庄公要驱车追击齐军。曹刿说:"不行。"(他)下车仔细察看了齐军车轮碾过的痕迹,登上车前的横木瞭望齐军撤退的情况,说:"可以了。"于是追击齐军。

注释

① 公与之乘:鲁庄公和他共乘一辆战车。之,指曹刿。　② 长勺:鲁国地名,在今山东省莱芜市东北。　③ 鼓之:击鼓进军。古代作战,击鼓命令进军。下文的"三鼓",就是三次击鼓命令军队出击。之,起补足音节作用。　④ 败绩:大败。　⑤ 驰之:驱车追击齐军。　⑥ 视:仔细查看。　⑦ 辙(zhé):车轮碾过的痕迹。　⑧ 轼(shì):古代车厢前面供人手扶的横木。

既克①,公问其故。对曰:"夫战,勇气也②。一鼓作气③,再④而衰,三而竭⑤。彼竭我盈⑥,故克之。夫大国,难测⑦也,惧有伏⑧焉。吾视其辙乱,望其旗

已经战胜了(齐军),庄公问取胜的缘故。曹刿说:"作战,靠的是勇气。擂第一通战鼓能够振作士气;擂第二通战鼓(士气就开始)衰落;擂第三通战鼓(士气就)穷

靡⑨，故逐之。"

尽了。敌方士气穷尽而我方士气正旺盛，所以战胜了敌人。大国，（行动）难以估测，怕有埋伏在那儿。我看到他们的车辙混乱，望见他们的战旗倒下（确实是败退的样子），所以追击他们。"

注 释

① 既克：已经战胜了。既，已经。　② 夫战，勇气也：作战，靠的是勇气。夫，语气助词，无实义。　③ 一鼓作气：第一次击鼓能够鼓起士气。作，鼓起。　④ 再：第二次。　⑤ 竭：穷尽。　⑥ 盈：充满。这里指士气正旺盛。　⑦ 测：推测，估计。　⑧ 伏：埋伏。　⑨ 靡（mǐ）：倒下。

文史常识

⊙春秋时期"肉食者"的食谱长什么样？

春秋时期贵族祭祀或享宴时，用牛、羊、猪作为三牲。如果三牲齐备，礼节十分隆重，称之为"太牢"；要是只有羊和猪就称"少牢"。

牛体形庞大，饲养不及羊和猪迅速，兼之主要用于农耕，所以宰杀受到一定的限制。《礼记·王制》就规定："诸侯无故不杀牛。"但该规定未必被人们严格遵守。《左传·僖公三十三年》记载，秦师偷袭郑国，郑国商人弦高得知此事，便用十二头牛犒劳秦国士卒，以示郑国已有防备。而秦人也大大方方把牛吃了。

羊和猪在农业生产中远远没有牛重要，因此都是比较普遍的食材。羊肉中，羔肉美于成羊；猪肉中，豚（小猪）又美于豕或彘（大猪）。当然，古人也吃鸡，并且喜欢吃狗肉，所以《孟子·梁惠王上》有云："鸡、豚、狗、彘之畜无失其时，七十者可以食肉矣。"战国刺客聂政、刘邦大将樊哙，都曾是职业"屠狗家"。

此外，骄奢的贵族们还把熊掌、豹胎、大雁、大鼋，以及其他难得的山珍、飞禽、水产都写进了自己的食谱。

⊙春秋时期的战争场景是怎样的？

春秋时期的战争，以车战为主。一车为一乘，由四匹马拉，车上标配三名甲士，车后跟随若干步卒（从二十余名逐渐扩充至七十余名）。车上甲士按左、中、右方位排列。左方甲士持弓，负责射击，是兵车的首领，称为"车左"，又称为"甲首"；右方甲士执戈或者矛，负责击刺，并肩负为兵车排除障碍的职责，往往令勇武有力者担任，称为"车右"，又称为"骖乘"；中间甲士是驾驭兵车的"御者"，随身佩带短剑。另外，如果是君王或主帅的兵车，那么由主帅居中，亲自执掌旗鼓，而御者位置在左。

春秋初期，各国军队规模较小。郑伯克段于鄢时，公子吕只率两百乘伐京邑。齐桓公当政时，也仅有八百乘兵力。到春秋后期，军队规模才迅速扩大。

交战双方一般选择平坦的地势，约定好时间，准时出场。先将兵车列成阵势，击鼓是进，重击则攻；鸣金是止，重鸣则退。用铃来传令，用旗来指示方向。两军互相冲杀，各凭硬实力取胜。因为投入的兵力有限，往往半天就能决出输赢。春秋时期的著名大战，如城濮之战、鞌之战等，都在一天之内见胜负，鄢陵之战只持续了两天。

春秋时代的武器基本都是铜制的，主要有矛、戈、戟、剑、弓矢等。到春秋战国之间，随着冶铁技术的进步，武器才逐渐优化为铁制。

文言语法

⊙ 状语后置

在现代汉语中，介词结构（介宾短语）作状语时，一般放在被修饰的动词或形容词前面。而古代汉语恰好相反，介词结构往往置于句末。这就是所谓的"状语后置"，我们翻译时需要注意语言顺序。譬如，《曹刿论战》中"战于长勺"，就应该按"于长勺战"去理解，翻译成："在长勺同齐军作战。"

常见的状语后置句有如下两大类型。

第一，"以"字为标识的状语后置。我们今天习惯说"用筷子吃饭"，而古人会说"进食以箸"。"以"字开头的介宾短语被置于句末。"以"可以翻译为"拿""用""把""凭"等，还可以省略。试看案例：

①申之以孝悌之义。（《孟子·梁惠王上》）

即"以孝悌之义申之"，翻译为：用孝敬父母、敬爱兄长的道理反复地教导人民。

②咨臣以当世之事。（诸葛亮《出师表》）

即"以当世之事以咨臣"，翻译为：拿当时天下的大事来和我商量。

③醒能述以文者，太守也。（欧阳修《醉翁亭记》）

即"醒能以文述者"，翻译为：酒醒了能用文字述说的人，是太守。

④夫今樊将军，秦王购之金千斤，邑万家。（《战国策·燕策三》）

省略了"以"字，应为"秦王购之以金千斤"，即"秦王以金千斤购之",翻译为:秦王用金千斤来悬赏他。

第二,"于"或"乎"字为标识的状语后置。我们今天习惯说"在学校找饭吃",而古人会说"觅食于学校"或者"觅食乎学校"。"于"或"乎"字开头的介宾短语被置于句末。它们可以翻译为"比""对""向""从""到""在"等,有时也可以省略。试看案例:

①皆以美于徐公。(《战国策·邹忌讽齐王纳谏》)

翻译为:都认为比徐公美。

②以吾一日长乎尔。(《论语·先进》)

翻译为:因为我比你们年长一些。

③未尝不叹息痛恨于桓灵也。(诸葛亮《出师表》)

翻译为:对桓、灵二帝的做法,没有不感到痛心遗憾的。

④请奉命求救于孙将军。(《资治通鉴·赤壁之战》)

翻译为:请让我接受使命向孙将军求救。

⑤渐闻水声潺潺而泻出于两峰之间者。(欧阳修《醉翁亭记》)

翻译为:渐渐听到潺潺的水声,从两座山峰之间奔泻出来。

⑥安陵君因使唐雎使于秦。(《战国策·唐雎不辱使命》)

翻译为:安陵君于是派遣唐雎到秦国出使。

⑦刻唐贤今人诗赋于其上。(范仲淹《岳阳楼记》)

翻译为:在上面镌刻唐朝名家和当代人的诗词歌赋。

⑧相与枕藉乎舟中,不知东方之既白。(苏轼《赤壁赋》)

翻译为:在小舟中互相枕着垫着睡着了,不知道已经天明。

⑨沛公欲王关中。(《史记·鸿门宴》)

省略了"于"字,应为"沛公欲王于关中",翻译为:沛公想在关中称王。

齐桓公伐楚盟屈完

选自《左传·僖公四年》

人物关系

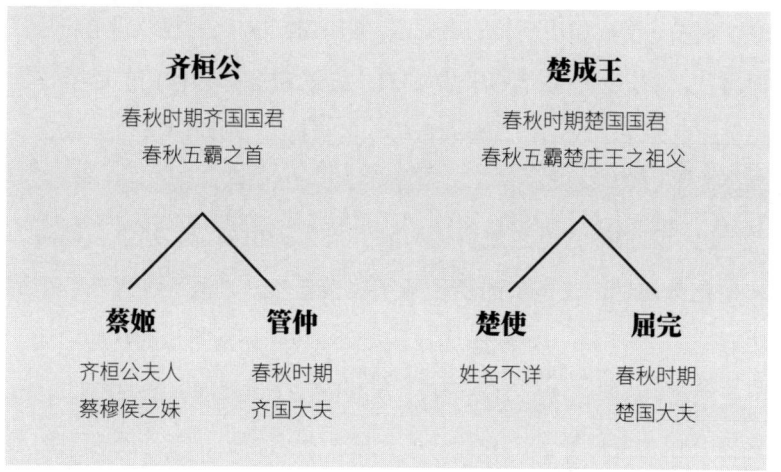

文章导读

前656年春,齐国君主会合鲁、宋、陈、卫、郑、许、曹等诸国军队,披坚执锐,侵袭蔡国。在强大的武力威慑下,蔡国一触即溃,民众撇下国君四散逃亡。联军穿越蔡国就像过清晨的马路。随后,他们顺势南下,一口气闯入了楚国境内。于是出现了《齐桓公伐楚盟屈完》的开头:

春,齐侯以诸侯之师侵蔡。蔡溃,遂伐楚。

句中的"齐侯"就是本文的主角——齐桓公,春秋五霸之首。周代社会等级森严,十分重视尊卑秩序。诸侯内部也分出五等爵位:公、侯、伯、子、男,而齐国国君乃是侯爵,故而《左传》称之为"齐侯"。

之前我们曾提到过,人们在称呼历代君主时,会有一些约定俗成的习惯。对于明清时期的皇帝,一般称呼他们的年号,像永乐、万历、康熙、乾隆等都属于年号;对于唐宋时期的天子,则喜欢称呼他们的庙号,如唐高祖、唐太宗、宋太祖、宋仁宗等都属于庙号;而再往前看,对于汉晋及更早的君主,通常会称呼他们的谥号,齐桓公、燕昭王、汉文帝、晋武帝等人的"桓""昭""文""武",统统属于谥号。

出于习惯,这里也就直接称呼齐侯为齐桓公了。熟悉《谥法》的朋友都知道,齐桓公的谥号其实相当霸气,"桓"字代表着"辟土服远":开疆辟土,威服远方。我们可以从中遥想他的赫赫功业。

然而,这篇古文的简短开头,却存在几个值得深究的问题。首先,齐桓公作为中原霸主,为什么要云集一帮诸侯去吊打毫不起眼的蔡国?其次,在蔡国崩溃后,齐桓公为什么还不收手,反而劳师动众,千里奔波,要去揍一下地处南僻的楚国?最后,细心的读者应该会注意到,《左传》作者在描述齐桓公这一波连续操作的时候,用了两组感情色彩完全不同的措辞——"侵蔡"与"伐楚"。

在《左传》的话语体系中,所谓"侵",通常含有贬义,指不用钟鼓,不宣而战,直接侵犯其他诸侯国的领土。这表明史官并不认同齐桓公领着联军去"虐蔡"。而所谓"伐",则指大张旗鼓地进军,堂堂正正地宣战,往往站上了道德的制高点。这说明齐桓公南征荆楚又甚合左氏的心意。

上述问题看似琐碎杂乱,仿佛无关宏旨,却是读懂《齐桓公伐楚盟屈完》的关键。因此，我们不妨进行一番深度梳理。

不按常理出牌的蔡姬

说起来令人啼笑皆非，齐桓公侵蔡的理由源自一出荒诞的"家庭闹剧"。据知悉内情的史官们爆料，战争的起因如下：

> 齐侯与蔡姬乘舟于囿，荡公。公惧，变色；禁之，不可。公怒，归之，未之绝也。蔡人嫁之。

这一日，齐桓公与蔡姬在苑囿的水池中泛舟游赏。——蔡姬是谁呢？她是齐桓公的正牌夫人，也是蔡国国君蔡穆侯的妹妹。因为娘家在蔡国，她又是姬姓，所以《左传》称之为"蔡姬"。

当然，根据我们此前的讲述，称呼周代贵族妇女，也可以有不同的路数。出嫁的女子大体存在三种"命名"方式。其一，以本国国名冠以母姓之上，就像此处的"蔡姬"；其二，在姓上冠以娘家所在国名，蔡姬既已嫁至齐国，理论上也可被呼为"齐姬"；其三，在姓上冠以丈夫的谥号，譬如蔡姬嫁给了齐桓公，我们甚或可以叫她作"桓姬"。

且说蔡姬忽然心血来潮，起身把小舟晃来荡去。齐桓公作为一代豪杰，又从小在山东半岛上吹着海风长大，结果竟然怕水，一时之间吓得脸色都变了，再三喝令夫人停手。没想到蔡姬并不按常理出牌，看夫君面容越惊恐，她晃荡得越起劲儿。桓公窘迫至极，好不容易挨到上岸，怒气勃发，直接把蔡姬赶回了娘家。

蔡姬虽然回了蔡国，但齐桓公并没有狠下心来跟她办理"正式的离婚手续",夫妻关系尚未断绝。或许是因为齐桓公只想对夫人略施惩戒,稍微挽回在舟中丢失的颜面。说不定他还幻想着将来某一天蔡姬会幡然悔悟,哭嚷着要回来,而自己则大度不计较,最后夫妻重归于好。没想到蔡姬完全不按常理出牌,回家跟哥哥蔡穆侯一商量,直接改嫁了。

消息传来,齐桓公整个人都不好了。丢颜面的小事儿升级成为伤害男性自尊的大事件,这才不管不顾地纠集了诸国去血虐蔡国。

因此,在《齐桓公伐楚盟屈完》的开篇背后,埋藏着一段颇具戏剧性的导火索。当然,这也是老百姓喜闻乐见的故事:因为漂亮的女孩儿,男人们打起来了。如果往前追溯,有"荷马时代"著名的特洛伊战争;向后瞅瞅,还有大家所熟悉的、明末清初吴三桂的"冲冠一怒为红颜"的故事。

在当时,蔡国是周王室重要的封国之一,可是它的国土面积并不大,边界又与楚国毗邻。齐桓公轻松打穿蔡国之后,发现一只脚已经踩在了楚国的国境线上。来都来了,齐桓公干脆一挥手,擂鼓进军,兵锋遥指郢都(今湖北省荆州市)。

楚成王万万没有想到,人在家中坐,锅从天上来。本来舒舒服服地窝在宫里吃瓜,瞧隔壁的热闹,结果一不小心瓜吃到自己身上。

在楚成王看来,齐桓公带着一群北方汉子跑到自家门口来耀武扬威,纯属不可预测的小概率事件。按照常理,蔡国举国崩溃了,蔡穆侯已经被俘虏了,齐桓公也应该消消气了。天晓得他为什么跨过山和大海,不辞车马劳顿,非要来遥远的南方转转。

五百多年后,司马迁搜罗了翔实的史料,给出了进一步的分析,指出"一切责任全在管仲"。《史记·管晏列传》记载道:

（管仲）为政也，善因祸而为福，转败而为功。贵轻重，慎权衡。桓公实怒少姬，南袭蔡，管仲因而伐楚，责包茅不入贡于周室。

司马迁认为，齐桓公仅仅因为夫人改嫁就要大动干戈，劳师袭远，依仗联军之势去欺凌孱弱的蔡国，是一件非常"不爷们"的事情，实在有损他的光彩。幸好有管仲在。

管仲身为齐桓公的首席谋臣，"善因祸而为福，转败而为功"。他劝说齐桓公踏着蔡国的"尸体"，重新挑选了一个够分量的对手——楚国，并且以捍卫周王室的名义动手——指责楚国不向天子进贡。因此，倒霉的楚成王只是齐桓公为了挽回个人形象的工具人罢了。

而站在两千六百多年后的今天，我们大可以开启上帝视角。然后，我们就会发现，齐桓公伐楚基本是必然事件，其背后有复杂的社会因素和深刻的政治意义。换言之，若看表象，齐桓公先侵蔡国，顺道再伐楚国，貌似是楚国委屈，躺着中了一枪。但若论实质，委屈躺枪的极有可能是被打成对穿的蔡国。

齐桓公应该早就想伐楚了，苦于没有借口迟迟不能动手，而蔡姬改嫁就成为了天赐的南向用兵的理由。

齐桓公的"霸主人设"

齐桓公与管仲为什么如此执着于攻打楚国呢？这得围绕齐桓公苦心打造的"霸主人设"说起。

春秋二百余年间，一直有两个突出的死结，谁能把它们解开，谁就能领袖群雄、称霸诸侯，就可以"号令天下，莫敢不从"。

死结之一，就是咱们在中学历史课上反复学习过的"王权衰落，礼坏乐崩"。在周幽王末年，犬戎攻破国都镐京，弑杀了天子，西周政权一朝倾覆。幽王之子平王仓皇出逃，辗转迁徙，定都于洛邑，史称东周。春秋大致位于东周的前半段。

彼时周天子的权威一再被削弱，辖地大幅缩水，武备逐渐废弛，手头日益拮据，已经无力承担起天下共主的职责。曾经维系着周朝荣光的分封体系和宗法规则，虽不能说荡然无存，但其衰败的速度也触目惊心。在混乱的时局中，各路诸侯先后兴盛，攻城略地，相互征伐，时不时把天子的尊严按在地上摩擦，由此引发社会秩序进一步的坍塌。

死结之二，用《春秋公羊传》中的经典语句来表述，叫作"南夷与北狄交，中国不绝若线"。大家要是摊开一幅春秋时期的形势图，就能对这句话有更加直观的感受。图上除了中原发达地区之外，四围到处都散居着"未开化"的"蛮夷戎狄"。一部分"野蛮人"甚至已经悄然进入华夏腹地，与"文明人"混居杂处。

面对如此局面，华夏子民的活动空间受到了极大的挤压，几乎是在夹缝中求生存。用"气若游丝"来形容略嫌浮夸，但若说处境异常艰难，岌岌可危，则并不为过。

直至有一天，齐桓公在管仲的辅佐之下，终于寻找到解开两大死结的神兵利器。他凭借着齐国蒸蒸日上的国势和卓越的内政外交手段，扛起了一面大旗，旗上书写着"尊王攘夷"四个大字。

一方面"尊王"，齐桓公在观念和礼节上推尊周天子，从道义上压服群雄，重新构建起相对稳定的社会秩序，也为自己赢得了良好的名声；另一方面"攘夷"，齐桓公致力于将"蛮夷戎狄"撵出中原去，尤其是解除了北方山戎对燕、卫、邢等国的威胁，还大家一个较为安全的发展环境，从而让华夏各国都可以获利。总而言之，"尊王攘夷"实在是一条名利兼收的好政策。

然而，只是做到这一步，齐桓公的"霸主人设"还不够完整，尚缺少一块关键的拼图。因为在当时中原诸侯的心目中，谁是最恐怖的"蛮夷"呢？不错，正是潜身在南方的山峦川泽里，蛰伏于荆棘丛中的楚国。

说到这儿，我们需要敲黑板，划重点，普及一个重要的知识：春秋之所以区分出蛮夷和华夏，其实并不是因为他们拥有不同的血缘，又或者源出于不同的种族，而是因为双方认同不一样的文化。唐代韩愈在《原道》中做过精到的总结："诸侯用夷礼则夷之，进于中国则中国之。"诸侯若采用夷狄礼俗，就会被视为夷狄；若采用中原礼俗，就会被承认是中原人氏。

南唐·顾闳中　《韩熙载夜宴图》（局部）
"右衽"示意：见击鼓者与僧人

礼俗上的区别，明显到一眼就能辨认。譬如就日常的衣着而言，华夏民族往往长衣宽袖，且"束发右衽"，即把头发规规矩矩地聚拢在头顶，裹上布或者戴上冠，胸前衣襟交叠，开口朝穿衣者的右手方向，正面看去形如个一个"y"字；西北的游牧民族则反其道而

齐桓公伐楚盟屈完　·55·

行之，习惯短衣窄袖，且"披发左衽"，即披散头发，不加打点，胸前衣襟向自己的左手边敞开。

至于楚国，其礼俗文化和中原风习之间无疑横亘着一道鸿沟。楚国的服饰形制特殊，有浓郁的地域风情，常被叫作"南冠""楚服"，在长江以南引领潮流。楚国的官制与其他国家有别，职官如令尹、莫敖、连尹、左徒等，只此一邦独有。楚国人操南音，歌楚歌，方言十二分不好懂——中原人叫"老虎"，楚国人说"於菟"；中原人用"牛"犁地，楚国人用"乌豢"；中原人见到一只"螳螂"，楚国人见到的是一只"拒斧"；中原人给孩子"哺乳"，楚国人就"穀"……在黄河中下游，人们搞搞民歌创作，于是有了"关关雎鸠，在河之洲。窈窕淑女，君子好逑"一类的诗篇；长江一带的楚人也写情诗，最后就写成了"若有人兮山之阿，被薜荔兮带女萝。既含睇兮又宜笑，子慕予兮善窈窕"的样子。

以至于战国中期，大儒孟子和农家代表许行隔空辩论，一听说对方辩友来自楚国，孟子情不自禁就开始人身攻击："南蛮鴃舌之人！"你说的都是些什么"鸟语"！可见到了那会儿，中原地区的"文化人"对楚国之"蛮风陋习"依然怀揣着深深的偏见和鄙夷。

有趣的是，楚国自己也喜欢以蛮夷自居。前706年，楚国突然发兵攻打随国。随国国君一脸惶恐，尝试着要讲讲道理："我无罪。"楚武王熊通却不想讲道理，直接回怼道："我蛮夷也！"这场景就好比有人在插队，你跑到跟前去质疑："为什么要插队呢？"他却大声告诉你："因为俺没素质！"反而弄得你不知道该怎么接话了。

"我蛮夷也"这句掷地有声、光耀春秋的台词，并不是楚武王的原创，而是一辈又一辈楚国国君基因里的烙印。早在西周中叶，楚国第六任君主熊渠扩张地盘，纵横江汉，嫌自己爵位太低——周代诸侯五等爵：公、侯、伯、子、男，楚国国君是子爵，故而《左传》

一般称之为"楚子"——就扬言:"我蛮夷也,不与中国之号谥!"意思是我乃蛮夷,懒得搭理你们中原的破规矩。随后,他做出惊世骇俗之举,首开僭越之先河,连封三个儿子为"王"。要知道普天之下,唯独周天子才有资格称"王",而熊渠摇身一变成了"王"的老子,全国各地的诸侯全都惊呆了。

不仅如此,既然身为蛮夷,楚国自然不用跟大家假模假样地客套,大可以逐利行事,甚至率性而为。楚国的名字第一次出现在《左传》里时,它就带着猛烈的攻击性:"蔡侯、郑伯会于邓,始惧楚也。"而自楚武王伐随后,楚国日益强势,专门挑黄河流域的诸侯来欺侮,不断碾压华夏,拓展边界。《左传·僖公二十八年》竟有了"汉阳诸姬,楚实尽之"的说法:汉水北面那些与周天子同姓(姬姓)的诸侯国,全都被荆楚吞并了。

到战国时代楚极盛时,已先后灭国七十多,其疆域约占周王朝全部国土的二分之一,包括今湖北、湖南、安徽、江西、江苏、浙江六个省的全部,以及今陕西、河南、山东、广东、广西、贵州的部分地区,总面积近百万平方公里。当然,这是后话。

絮絮叨叨了这么久,大家想必可以理解齐桓公率领诸侯之师,由"侵蔡"转向"伐楚"的缘故了。而《左传》也恰到好处地使用了不那么光明磊落的"侵",和正义感呼之欲出的"伐",来彰显齐桓公的军事行动由"侵略战争"变成了"替天行道"。这一场南征,着实"征"到了中原诸国的心坎儿上,符合他们的切身利益。

也正是从这一刻起,春秋历史揭开了一场大戏的帷幕:黄河流域的霸主们次第南下长江,以攻打楚国为己任;而楚国亦时常挥师北向,以问鼎中原为最高理想。

管仲：语言就是力量

回到前 656 年的那个春天，接下来的局势会朝什么方向发展呢？我们打起精神一起来看看：

> 楚子使与师言曰："君处北海，寡人处南海，唯是风马牛不相及也，不虞君之涉吾地也，何故？"

话说楚成王一觉醒来，发现国境线被八个国家来回践踏，为首的还是大名鼎鼎的齐桓公。他只好强憋着胸中的那口闷气，派遣使者来联军军营中交涉。紧接着，就出现了春秋时代几乎最著名的一番外交对答。事实上，古文《齐桓公伐楚盟屈完》的最亮点，就是你来我往的唇枪舌战。且看齐、楚两国的外交官，如何在剑拔弩张的氛围中，将汉语的威力发挥到极致。

面对挟"虐蔡"余势、有备而来的齐桓公，楚使显得十分客气。他开口就说，君上您住在渤海边，寡君身处东海畔，南北路途遥远，楚国实在是没有料到您会"涉吾地"。所谓"涉"，就是"蹚水过河"的意思。楚使不说齐国"侵略我"，而说桓公"涉吾地"——您跋山涉水，一不小心走远了吧。措辞相当委婉，似乎给足了齐桓公面子。但仔细一品，楚使的话绵里藏针，扎齐桓公心了。

因为楚使还说，齐、楚两国原本"风马牛不相及也"。所谓"风"，就是指动物发情，在野外雌雄相诱，彼此追逐。这番话伤害性不大，侮辱性极强。其弦外之音大致为：就算牛马发了情，都不至于从齐国奔逸至楚国，您怎么就来了呢？如果大家还记得齐桓公最初出兵的理由是为了夫人蔡姬改嫁，就可以感受到"风马牛不相及"有多么应景了。楚使提前做足了功课，大概率是在当面骂人禽兽了。

再琢磨楚使的逻辑，其实层层推进，异常严密：首先，齐国与楚国并不接壤，风马牛不相及，似乎没有发生军事冲突的必要；其次，列国自有疆界，谁能料到齐国与诸侯联军突然从楚国境内冒了出来，这完全有悖于常理；最后，楚国希望齐国说清楚大军南下的缘由。

面对楚使理直气壮的连环质疑，联军阵营还真不好回应。倘若稍微答复不慎，暴露出己方的无理与无礼，便是一场外交灾难，更会在一众诸侯眼前跌了份儿。在这一关键时刻，管仲站了出来。管仲的说辞尽显超一流政治家的风采：

> 昔召康公命我先君太公曰："五侯九伯，女实征之，以夹辅周室！"赐我先君履，东至于海，西至于河，南至于穆陵，北至于无棣。尔贡包茅不入，王祭不共，无以缩酒，寡人是征。昭王南征而不复，寡人是问。

楚使尽管咄咄逼人，义正词严，但管仲只当他是什么都不懂的好奇宝宝，见招拆招，耐心教导。你说齐、楚两国风马牛不相及？不对不对！想当初周朝创立伊始，齐国国君就获得了征伐所有诸侯的特权，楚国也不例外。倘若你们犯下什么过错，齐国尽可以伸手来管。你说齐国军队不该踏足楚国境内？不对不对！王室曾经划定了齐国用兵的范围，向南可以直抵穆陵（按：穆陵位置颇有争议，据杨伯峻《春秋左传注》的说法，在今湖北省麻城市北），早就深入了楚国的疆域。

至于我们为什么要挥师南下？来，让我好好晓谕你。首先，楚国怠慢周天子，近年来屡屡不进贡，贡品缺乏甚至影响到了王室的祭祀大典；其次，三百多年前周昭王南巡至楚国，竟然死在了汉水边。这两件事情，我齐国君上都需要问个明白。

管仲摆事实,讲道理,驳斥精准,理据充足,给楚使上了一堂生动的历史课。转瞬之间,压力全部回到了楚使的身上。

当然,真正的外交大牛绝不会一味逞勇好斗,而应当伺机而行、相时而动。管仲看似气势凌人,已经把楚使"壁咚"到了墙角。但他的慷慨陈词其实经过了精心的设计,完全避重就轻,且留下了巨大的回旋空间。

在当时,齐桓公与楚成王驾驭的都是超级大国,实力不相伯仲。齐桓公尽管号称五霸之首,但其国力比起荆楚来,或许也就略胜一筹而已。因此,齐桓公最希望看到的,无非是楚成王向他低头臣服;而齐桓公最不能接受的,一定是两国撕破脸兵戎相见,烽火不息,闹到最后双双元气大伤。

管仲自是悉知个中关键,于是撇开了楚国的"硬伤"——僭越称王,蚕食鲸吞周边的国家——不提。因为这些罪状一旦说出口,楚国实在辩无可辩,背上插着"尊王攘夷"大旗的齐桓公骑虎难下,只能撸起袖子跟楚成王干上一仗。

相反,管仲目光如炬,揪出了一件微妙的事情:楚国不给周天子进贡。这就非常令人佩服了。一方面,如果楚使"认罪",意味着桀骜如楚成王也在霸主面前低下了头。齐桓公再次替周王室挣回了荣耀,能进一步赢得诸侯们的拥戴,也向整个南方彰显了自己的强大;而另一方面,纵然楚使"认罪"了,对楚国也不会造成什么实质性的大损害,无非是来年咱们把贡品补上。说来说去,这个罪,楚国认了也无妨。

为了逼促楚使尽快服软,深谙心理战术的管仲不给对方一丁点儿思索时间,紧接着抛出了一件要案:三百多年前,周昭王死在了楚国境内。

周昭王的死,其实是一笔糊涂账。相传,他老人家崩于汉水,如何落水却众说纷纭。诚实的说法如《史记》，称具体情况我不清楚；朴素的说法如《吕氏春秋》，认为当时桥垮了，王掉下去了；阴谋论的说法如晋代皇甫谧的《帝王世纪》，指出当地的土著厌恶周昭王，进献了一只用胶液黏起来的船，船至河中心，脱胶解体，王溺死了；上天自有安排的说法出自今本《竹书纪年》，相信王死于突如其来的大地震；甚至还有动物环保主义的说法，民间传说王被南方的鳄鱼咬死了……

且抛开上述死因不提，周昭王早在三百多年前就没了！用前朝的尚方宝剑怎么斩本朝的官？明眼人都清楚，这件事儿跟今天的楚国毫不相干。而"弑杀天子"的罪名实在是太大了，楚人无论如何都要把自己择干净。总而言之，这个罪，楚国肯定不会认。

因此，管仲心里有如明镜，数落楚国的两项罪名，本质上一实一虚。而人往往是趋利避害的，楚使听到指责一轻一重，出于本能，一认一拒：

贡之不入，寡君之罪也，敢不共给？昭王之不复，君其问诸水滨！

管仲就等着楚使这一认："贡品没有送去，这是寡君的罪过，今后怎么敢不供给呢？"或许从打穿蔡国的那一天起，管仲就日夜盼着这句话。紧张的氛围瞬间松弛下来。

随后，联军主动后撤至召陵邑，楚成王派遣大夫屈完拜谒齐桓公，齐桓公为屈完准备了一次盛大的阅兵礼。在战车上，齐桓公诚恳表态，大家远道而来都是为了珍贵的友谊。屈完则代表楚成王感激大哥辱没身份接纳了小弟。

齐桓公炫耀军容的强悍："用这样的将士作战，谁能抵御他们？

用这样的军队攻城,哪座城攻克不了?"屈完不卑不亢地回答:"君侯如果用德行安抚诸侯,谁敢不服?君侯如果用武力(威胁),楚国就以方城山作为城墙,以汉水作为护城河,(君侯军队)虽然众多,也没有用得上的地方。"最终,双方在一团和气中结束了会晤。

至此,齐国虽然尚无绝对的实力征服楚国,但楚国终究承认了齐国的江湖地位。齐桓公的"霸主人设"拼图,总算拼完整了。而管仲的一整套外交辞令,真正做到了在战术上无懈可击,在战略上不战而屈人之兵,堪称千古绝调。

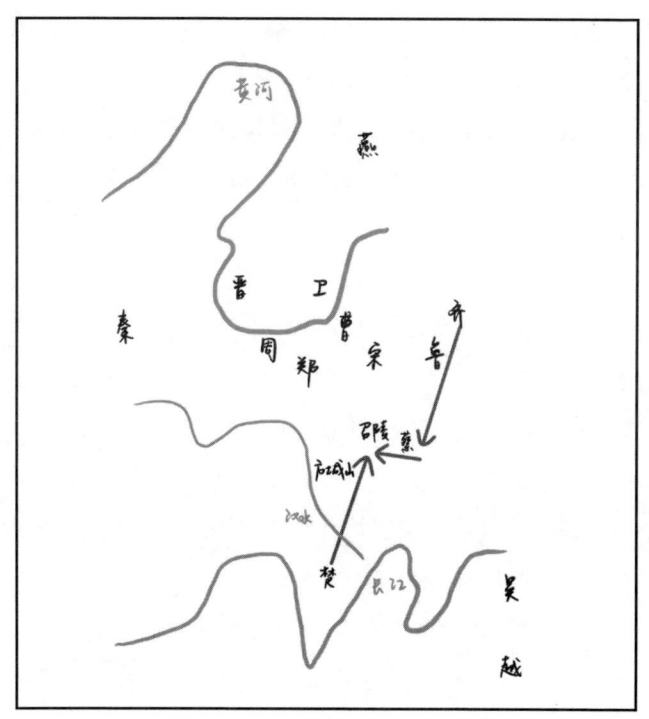

《齐桓公伐楚盟屈完》形势示意图

原文注译

齐侯①与蔡姬②乘舟于囿③，荡公。公惧，变色；禁之，不可。公怒，归之，未之绝④也。蔡人嫁之⑤。

齐桓公与夫人蔡姬在苑囿中泛舟游玩，（蔡姬摆动小舟）使桓公摇来晃去。桓公恐惧，脸上变色；加以禁止，（蔡姬）不肯。桓公愤怒，将蔡姬送回蔡国，但没有与她断绝关系。蔡国人把蔡姬改嫁至他国。

注 释

按：这段文字出自《左传》，不见于《古文观止》的选本，因为是齐桓公侵蔡、伐楚的重要背景，故附于此。　①齐侯：即齐桓公（？～前643），春秋时期齐国国君。姜姓，吕氏，名小白。春秋五霸之首。春秋五等爵，公、侯、伯、子、男，齐为侯爵。又，按《谥法》，辟土服远曰"桓"。　②蔡姬：齐桓公夫人，蔡穆侯之妹，姬姓。以祖国国名冠于姓上，故称"蔡姬"。　③囿：即苑，其中有池，故能泛舟。　④未之绝：宾语前置结构，即"未绝之"，没有与她断绝关系。　⑤嫁之：意谓将蔡姬改嫁。

四年①春，齐侯以②诸侯之师③侵④蔡⑤，蔡溃⑥，遂伐楚。楚子⑦使与师言曰："君处⑧北海⑨，寡人处南海⑩，唯⑪是风马牛不相及⑫也，不虞⑬君之⑭

（鲁僖公四年）春，齐桓公率领诸侯的军队入侵蔡国。蔡军溃散，（桓公）于是攻伐楚国。楚成王派遣使者与大军交涉："君侯住在北方，寡人住在南方，就是牛马发情

齐桓公伐楚盟屈完 ·63·

涉⑮吾地也，何故？" 相逐也不会侵入彼此疆界，没想到君侯却跋涉至我国领土，这是什么缘故？"

注 释

① 四年：指鲁僖公四年，前656年。《春秋》本为鲁国国史，故以鲁君世系来纪年，计有十二公：隐、桓、庄、闵、僖、文、宣、成、襄、昭、定、哀。　② 以：率领。　③ 诸侯之师：指鲁、宋、陈、卫、郑、许、曹等国军队。　④ 侵：指不宣而战。依《春秋》体例，凡师有钟鼓曰"伐"，无曰"侵"。　⑤ 蔡：姬姓封国。在今河南省汝南、上蔡、新蔡一带。彼时，蔡为楚之盟国。蔡溃（溃败，民逃其上曰溃），遂伐楚。　⑥ 溃：溃败。依《春秋》体例，民逃其上曰"溃"。　⑦ 楚子：即楚成王（？~前626），春秋时期楚国国君。芈姓，熊氏，名恽。春秋五霸楚庄王之祖父。春秋五等爵，公、侯、伯、子、男，楚为子爵，但已经僭越称王。　⑧ 处：居住。　⑨ 北海：古人以为中国四周皆是海，故有东海、南海、西海、北海之称。北海实为渤海，齐国靠临渤海。但此处所谓北海、南海者，意指极北、极南，不必认为是实际地名。　⑩ 南海：实为东海，此处指极南之地，强调齐国、楚国相距甚远。　⑪ 唯：句首语气词。　⑫ 风马牛不相及：意即齐、楚两国相距极远，纵使牛马发情奔逐，也不至于互相侵入边界。风，指牛马发情相诱而奔逐。　⑬ 虞：料到。　⑭ 之：主谓之间，取消句子独立性。　⑮ 涉：蹚水过河，楚使对于齐国进入楚国边界的委婉说法。

管仲①对曰:"昔召康公②命我先君③太公④曰:'五侯九伯⑤,女⑥实⑦征之,以夹辅⑧周室!'赐我先君履⑨,东至于海⑩,西至于河⑪,南至于穆陵⑫,北至于无棣⑬。尔贡包茅⑭不入,王祭不共⑮,无以⑯缩酒⑰,寡人是征⑱。昭王⑲南征⑳而不复㉑,寡人是问㉒。"对曰:"贡之㉓不入,寡君之㉔罪也,敢㉕不共给?昭王之不复,君其㉖问诸㉗水滨㉘!"师进,次㉙于陉㉚。

管仲回答道:"从前召康公命令我们的先君太公说:'五等诸侯和九州之长(如有罪过),你都可以征伐他们,以便辅佐周王室。'并赐给我们先君可以讨伐的范围:东至大海,西至黄河,南至穆陵,北至无棣。你们应进贡的包茅没有缴纳,使天子的祭祀缺乏供应,没办法漉酒请神。寡人为此前来问罪。昭王南巡到楚国没能回去,寡人为此而来责问。"使者回答道:"贡品没有送去,这是寡君的罪过,(今后)怎么敢不供给呢?至于昭王没有回去的原因,君侯还是去问问水边上的人吧!"诸侯军队继续前进,临时驻扎在陉地。

注释

① 管仲:春秋时期齐国大夫。姬姓,管氏,名夷吾,字仲,谥号为"敬"。　② 召(shào)康公:即召公奭(shì),周文王庶子,姬姓,名奭,食邑在召,谥号为"康",曾任西周太保。　③ 先君:对本国已故君主的称呼。　④ 太公:即姜太公,齐国始封之君,姜姓,吕氏,名尚,字子牙。传说周文王在渭水滨遇见姜尚,说"吾太公望子久矣",故称"太公

望"。　⑤五侯九伯：泛指所有诸侯。五侯，指公、侯、伯、子、男五等爵；九伯，指九州之长。　⑥女：通"汝"。　⑦实：句中语气词，命令或祈使。　⑧夹辅：辅佐。　⑨履：践踏，非指齐国疆域，乃齐侯得以征伐之范围。　⑩海：包括渤海、黄海。　⑪河：黄河。　⑫穆陵：今湖北省穆陵关。　⑬无棣：今河北省卢龙县。　⑭包茅：包成捆的菁茅。菁茅是楚国特产，楚国应定期向周天子进贡，供祭祀时使用。　⑮共：通"供"，供给。　⑯无以：没有什么可以用来。　⑰缩酒：渗酒，祭祀时以茅滤酒去渣。　⑱是征：宾语前置结构，即"征是"，责问此事。是，代词，代指前文"尔贡包茅不入，王祭不共，无以缩酒"一事。　⑲昭王：即周昭王（？～前977），姬姓，名瑕，西周第四任君王。　⑳征：巡行。　㉑复：返回。　㉒是问：宾语前置结构，即"问是"，责问此事。是，代词，代指前文"昭王南征而不复"一事。　㉓之：置于主谓之间，取消句子独立性。　㉔之：助词，相当于"的"。　㉕敢：表谦敬的副词，岂敢。　㉖其：表示委婉的语气。　㉗诸：兼词，之于。　㉘水滨：水边。　㉙次：临时驻扎。　㉚陉：楚地，在今河南省郾城县南。

夏，楚子使屈完①如②师③。师退，次于召陵④。齐侯⑤陈诸侯之师，与屈完乘⑥而观之。齐侯曰："岂不穀是为⑦？先君之好是继⑧，与不穀同好⑨，何如？"对曰："君惠⑩徼⑪福于敝邑⑫

夏，楚子派遣屈完（领兵）前往诸侯军驻地。诸侯军后退，临时驻扎在召陵。齐侯把诸侯军列成战阵，和屈完同乘一辆战车观看。齐侯说："（我们起兵）难道是为了寡人自己？（是为了）继承先君的之社稷⑬，辱⑭收寡君，寡君之愿也。"齐侯曰："以此众⑮战，谁能御⑯之？以此攻城，何城不克？"对曰："君若以德绥⑰诸侯，谁敢不服？君若以力，楚国方城以为城⑱，汉水以为池⑲，虽⑳众，无所用之。"

屈完及诸侯盟。

友好关系，（楚子）和寡人共同友好，怎么样？"屈完回答道："君侯惠临，为敝国求福，承蒙君侯收容寡君，正是寡君的愿望！"齐侯说："用这样的将士作战，谁能抵御他们？用这样的军队攻城，哪座城攻克不了？"屈完回答道："君侯如果用德行安抚诸侯，谁敢不服？君侯如果用武力（威胁），楚国就以方城山作为城墙，以汉水作为护城河，（君侯军队）虽然众多，也没有用得上的地方。"

屈完和诸侯订立了盟约。

注释

① 屈完：春秋时期楚国大夫。芈姓，屈氏，名完。据《史记》，楚王派屈完领兵与齐侯相见。　② 如：往。　③ 师：各国军队。　④ 召（shào）陵：楚地名，在今河南省漯河市郾城区。　⑤ 陈：陈列。　⑥ 乘：同乘一辆战车。　⑦ 不穀是为：宾语前置结构，即"为不穀"，为了我自己。不穀，不善，诸侯自己谦称。　⑧ 先君之好是继：宾语前置结构，即"继先君之好"，继承先君建立的友好关系。　⑨ 同好：共同友好。　⑩ 惠：敬词，无实义。　⑪ 徼（yāo）：求。　⑫ 敝邑：谦称自己的国家。　⑬ 社稷：当时建立国家，必立社稷，故社稷是国家的象征。社，土神。稷，谷神。　⑭ 辱：谦辞，承蒙。　⑮ 众：

众将士。　⑯御：抵御。　⑰绥（suí）：安抚。　⑱方城以为城：介词"以"字的宾语前置。即"以方城为城"，把方城山作为城墙。方城，山名，在今河南省叶县南。城，城墙。　⑲汉水以为池：介词"以"字的宾语前置。即"以汉水为池"，把汉水作为护城河。池，护城河。　⑳虽：虽然。

文史常识

⊙如何称呼周代贵族妇女？

如何称呼周代的贵族妇女，其实颇有讲究。要是女孩子还没有出嫁，那就简单多了，直接在姓上冠以她的排行即可：伯（孟）、仲、叔、季。

例如姜姓大女儿，可以称为"伯姜"或者"孟姜"。民间传说"孟姜女哭长城"中的女主角，当然不姓孟，而姓姜。有学者认为，"伯"与"孟"还是存在些微的差别，"伯"特指嫡出，"孟"偏指庶出。《三国演义》里的曹操字孟德，一眼可知是妾生的大娃；而孙策字伯符，就是正妻的长子。嬴姓二女儿，可称为"仲嬴"。姬姓三女儿，可称为"叔姬"。芈姓小女儿，可称为"季芈"。由于家里很可能不止四个女儿，所以从三女儿开始，一直到最小的女儿之前，其实都称"叔"。

倘若该女子已经嫁人，就产生了一些新的称呼方式。其一，以本国国名冠以母姓之上，《郑伯克段于鄢》中的姜氏从申国来，其实也可称为"申姜"；其二，在姓上冠以所嫁国夫君国名，姜氏既然嫁给郑国国君，则亦可称为"郑姜"——当然，如果嫁给了卿大夫，就冠以配偶的邑名；其三，在姓上冠以丈夫或自己的谥号，姜氏是郑武公的夫人，所以又可称为"武姜"。

⊙古代有哪些谦辞和敬称？

由于古人重视尊卑等级，讲究礼数周全，因此在正式的场合交流时，会使用各种谦辞和尊称。例如，《齐桓公伐楚盟屈完》中便出现了"寡君""不榖""敝邑"一类谦逊的说法。

阅读古文时，常见的谦辞有"小人""敝""仆""愚""臣"等。而先秦君主往往自称"寡人"或"不榖"——后者更多是楚国方言。譬如：

①小人有母，皆尝小人之食矣，未尝君之羹。（《左传·郑伯克段于鄢》）

②君惠徼福于敝邑之社稷。（《左传·齐桓公伐楚盟屈完》）

③仆所以留者，待吾客与俱。（《战国策·荆轲刺秦王》）

④愚以为宫中之事，事无大小，悉以咨之，然后施行。（诸葛亮《出师表》）

⑤臣尝有罪，窃计亡赵走燕。（《史记·廉颇蔺相如列传》）

⑥昭王南征而不复，寡人是问。（《左传·齐桓公伐楚盟屈完》）

⑦与不榖同好，如何？（《左传·齐桓公伐楚盟屈完》）

至于尊称，常见的有"子""君""足下""先生"等。尊称先秦君主，也可以使用"执事"一词。譬如：

①多行不义，必自毙，子姑待之。（《左传·郑伯克段于鄢》）

②君美甚，徐公何能及君也。（《战国策·邹忌讽齐王纳谏》）

③今足下虽强，未若知氏。（《韩非子·难三》）

④先生奈何而言若此！（《战国策·范雎说秦王》）

⑤若亡郑而有益于君，敢以烦执事。（《左传·烛之武退秦师》）

文言语法

⊙宾语前置

宾语前置是文言文中常见的特殊句型。《齐桓公伐楚盟屈完》中就出现了好几个这样的结构。简单来讲,"我(主语)吃(谓语)饭(宾语)",如果表达成"我(主语)饭(宾语)吃(谓语)",即为宾语前置,宾语放置到了谓语之前。但是,古人也不会如此任性,随意调换语言表达的顺序。因此,一般满足了如下几种条件,才会触发宾语前置。

第一种触发条件:疑问代词作动词或介词的宾语。 在这种条件下,宾语几乎一定会前置。例如,古人不说"你(主语)瞅(谓语)啥(宾语,且是疑问代词)",而会说"你啥瞅"。譬如,苏轼的《前赤壁赋》云:"而今安在哉?"其中"安"是疑问代词"哪里",放置在了动词"在"的前面。原句应该理解为"而今在安",如今在哪里呢?又如,范仲淹的《岳阳楼记》云:"微斯人,吾谁与归。"其中"谁"是疑问代词,放置在了介词"与"的前面。原句应该理解为"吾与谁归",我和谁一起归去呢?再如《曹刿论战》中的"何以战",即"以何战",凭借什么作战?

第二种触发条件:否定句中,代词作宾语。 在这种条件下,宾语可以前置,也可以不前置。例如,"我(主语)没(否定)瞅(谓语)你(宾语,且是代词)",古人就可以表达成"我没你瞅"。今天仍在使用的成语"时不我待"就还保留了这样古老的语言习惯。所谓"时不我待",其实就是"时不待我",时间不会等待我。提醒大家注意,这种条件没有上一种条件严格,故宾语可以前置,也可以不前置。譬如,《诗经·魏风·园有桃》有云:"不我知者,谓我士也骄。"而同样来自于《诗经》，《王风·黍离》则云："不知我者，谓我何求。"可资一证。

第三种触发条件："是"字或"之"字搁在宾语与谓语之间，实际上引起了宾语前置。例如，成语"唯利是图"，其实在表达"图利"；"唯命是听"，其实在表达"听命"。韩愈的《师说》中有"句读之不知，惑之不解"一语，直接翻译为"不知道句读，不解惑"。《郑伯克段于鄢》中的"何厌之有"，应该理解为"有何厌"，即"有什么可以满足"之意。

第四种触发条件：介词"以"字的宾语，通常可以前置。事实上，介词"以"字作"用""拿""凭借某种资格或身份""按照""率领"等意思时，存在三种等效结构，即"以＋宾语＋谓语词组"＝"宾语＋以＋谓语词组"＝"谓语词组＋以＋宾语"。例如，"以一当十"，又能表达成"一以当十"或"当十以一"。又如《齐桓公伐楚盟屈完》中的"楚国方城以为城，汉水以为池"，又能表达成"楚国以方城为城，以汉水为池"，或"楚国为城以方城，为池以汉水"。区别只在强调的重心不同。

第五种触发条件："是"和"自"作代词，习惯放在动词前面，成为该动词的宾语。因此，正常词序是"动词＋是"，"动词＋自"。例如，《齐桓公伐楚盟屈完》中的"寡人是问"，即"寡人问是"，我要责问此事。又如，《孟子·离娄上》云："夫人必自侮，然后人侮之。"所谓的"自侮"，就是"欺侮自己"的意思。

烛之武退秦师

选自《左传·僖公三十年》

人物关系

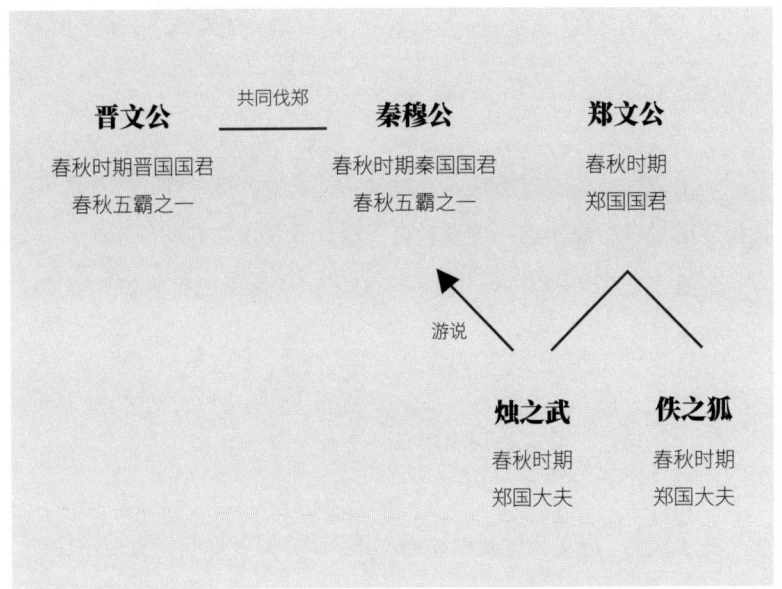

文章导读

战国中叶，齐宣王请教孟子：

齐桓、晋文之事，可得闻乎？

齐桓公和晋文公的霸业，可以说给我听听吗？作为春秋时代最著名的两位君主，齐桓与晋文的掌故为后世津津乐道，两人也常被放在一起讨论、比较。公子小白和公子重耳有相似的遭遇：因为时局混乱，奔逃外地，又在股肱之臣的辅佐下，回国继位，并成为现象级的诸侯。

孟子回答道：

> 仲尼之徒，无道桓、文之事者，是以后世无传焉，臣未之闻也。无以，则王乎？

孔子他们从来不讨论什么齐桓公、晋文公，因此后世没有流传，我没有听说过。您实在想接受教育，就让我说说仁政和王道吧！

齐宣王吃亏在读书少，被孟子骗了。《论语·宪问篇》明明白白记载着：

> 子曰："晋文公谲而不正，齐桓公正而不谲。"

孔子认为，晋文公诡谲权诈而不正派，齐桓公光明正大而不诡诈。实际上，人的性格与做事风格会受到后天环境的深刻影响，齐桓与晋文的人生轨迹完全不同。齐桓公大多数时候都坐镇临淄，当朝理政，玩的是塔防游戏，北拒戎狄，南抗荆楚，捍卫华夏；而晋文公前半辈子颠沛流离，选了一局闯关模式，进度条还异常缓慢，走了将近二十年。世路风波险，人心自浅深。诡诈或许变成他重要的求生技能包。

前656年，齐桓公伐楚盟屈完，跟楚成王互道珍重。好巧不巧，同一年，晋文公，哦，不对，公子重耳正式开启了流亡生涯。

前655年，齐桓公扶周襄王登上天子宝座，声望日隆；公子重耳还在流亡的路上。

前651年，齐桓公在葵丘大会诸侯，霸业达到顶峰；公子重耳还在流亡的路上。

前648年，齐桓公派管仲平息周王室内乱，管仲被天子拔擢为卿；公子重耳还在流亡的路上。

前645年，管仲病危，临终前谏言齐桓公勿用奸佞；公子重耳还在流亡的路上，并辗转来到了齐国。年迈的齐桓公为重耳备下厚礼，还将宗室之女嫁给了他。

前643年，齐桓公逝世，齐国的霸业冰释瓦解。公子重耳则继续流亡，未来还有五个诸侯国等待着他的"惠临"。而这一路奔波劳苦，结下了《烛之武退秦师》里的"因缘"。

公子重耳流亡记

公子重耳的父亲晋献公，是一位"高产"的君主，据说生养了九个儿子。如果搁在今天拍清宫戏，导演肯定会安排"九子夺嫡"的刺激戏码。但是，重耳的机会并不大。论资历，哥哥申生乃晋国太子；论荣宠，弟弟奚齐是献公一生挚爱骊姬的娃；论脸皮厚，弟弟夷吾是个中翘楚……身处其间的重耳，生活虽然优渥，但也缺乏记忆点。就好像年夜饭上没有特长展示的孩子，在角落里默默成长，一晃就老大不小了。据《史记·晋世家》的推算，当历史真正注意到"公子"重耳时，他早已不是白衣翩跹的浊世佳公子，而是额上长皱、眼角带纹、年逾不惑的大叔。

话说那年晋国朝中生变，骊姬向献公进谗构陷群公子，太子申生被逼自戕。消息灵通的重耳匆匆不辞而别,先奔边邑蒲城,再逃往戎狄的地盘。——重耳的母亲即大戎狐姬,这是他的娘舅之国。沿途遭到刺客追杀,重耳的袖子被利刃砍断,四十三岁的中年人凭借一手翻墙技能,侥幸走脱。

重耳在狄国一待就是十二年,娶了一名叫季隗的妹子,还有了两个孩子。然而,晋国政局波谲云诡,但凡想起来就对重耳发动一回袭击。重耳和家臣们商议,决定投奔齐桓公。临行前,没有安全感的重耳跟季隗道别:"等我二十五年,如果我还没有回来,你就改嫁。"重耳诚恳地请求妹子等他四分之一个世纪。季隗都笑了:

> 犁二十五年,吾冢上柏大矣。虽然,妾待子。

等待二十五年,我坟墓上的柏树都长大了。即使如此,我还是等你。这成为经典台词"坟头草都老高了"最早的出处。

一行人从狄国起程赴齐,首先途经卫国。卫文公懒得搭理落魄的重耳。重耳堪堪走到卫国五鹿附近,饿得只好在野外乞讨。当地的农民羞辱他,递过来一碗土。重耳不肯吃土。随行的舅舅狐偃赶紧安抚外甥:"土是疆土的象征,好兆头!"

历尽一番坎坷,重耳踏足齐国。齐桓公年高位尊,却对流浪的晋公子给予了莫大的关怀。为他娶了齐国宗室之女,又赠送他二十乘马车。重耳从此过上小富即安的生活。两年后,桓公去世,齐国动荡。然而,这并不妨碍重耳继续在安逸窝里躺平。夫人姜氏和舅舅狐偃强行给重耳励志,希望他勿丧大志,伺机返晋,以至于合谋将他灌醉,将他塞进马车拖离了齐国。重耳一觉醒来,发现自己重回熟悉的荒郊野外,哀号着执戈要跟舅舅拼命。

随后,大家兜兜转转,来到了曹国。曹共公视重耳犹如直立的珍兽。因为传闻重耳身具异相,"重瞳骈胁"。所谓"重瞳",就是一个眼睛里生有两个瞳孔。在上古神话当中,"重瞳"一般是仓颉、虞舜等圣人的配置。但现代医学也有解释,指出这应该属于瞳孔粘连畸变,即从"0"形变成了"∞"形。所谓"骈胁",则指胁骨紧密相连,长成一片。"重瞳"当面可见,但"骈胁"非脱衣不能得验。曹共公充分彰显了自己猥琐的气质,居然偷看重耳洗澡。

逃离曹国后,流浪者们进入了宋国。宋国虽然不算一流大国,但宋襄公一直把齐桓公当作楷模。因此,他向众人表达了亲切的慰问和友好的祝福,并仿照齐国的规格,也资助了重耳二十乘马车。

从宋国出来,重耳与家臣们抵达郑国。郑文公对臣下轻蔑地说:"各国逃难的公子我见得多了,哪里顾得过来?"——郑文公不知道,此刻的轻蔑埋下了将来晋、秦围殴他的第一个祸根。

大伙儿不得已,掉头南向去了楚国。楚成王好不容易熬到齐桓公下线,彻底放飞了自我,正在磨刀霍霍向中原。见来了稀客,又久闻重耳的名声,他还是盛情款待了重耳一行,极尽地主之谊。楚成王问重耳:"如果您将来回到晋国,用什么报答我?"重耳敷衍客套了一下。成王不想听客套,变成了复读机:"用什么报答我?"重耳于是说出了那句千百年来广为人知的话:"将来晋、楚疆场交锋,我先退避三舍。"一时间气氛凝固,楚将尽皆愤怒,楚成王却一笑而过。

重耳流亡生涯的最后一站,是地处西陲的秦国。离开郢都时,楚成王亲自相送,并真诚劝勉:"楚国实在太偏远了,要经过好几个国家才能抵达晋国。秦国与晋国接壤,国君也很贤明,您好好去吧!"言下之意,重耳若能得到秦国的帮助,就有返回晋国的希望。

重耳跋山涉水来到了秦国。秦穆公与他相见恨晚,一口气把同宗的五个女子都嫁给了他。不经意间，娶戎、娶齐、娶秦，重耳妻妾收成群。也就在这一年（前637），晋国几经折腾，终于闹到朝中无君的地步。而公子重耳凭借超长的待机能力，成为晋献公九子当中，唯一还健在的那位。秦穆公派遣军队护送重耳来到黄河岸边，晋国大夫们在对面相迎。

从出亡那天算起，重耳浪迹了十九个寒暑，归国继位时六十有二。

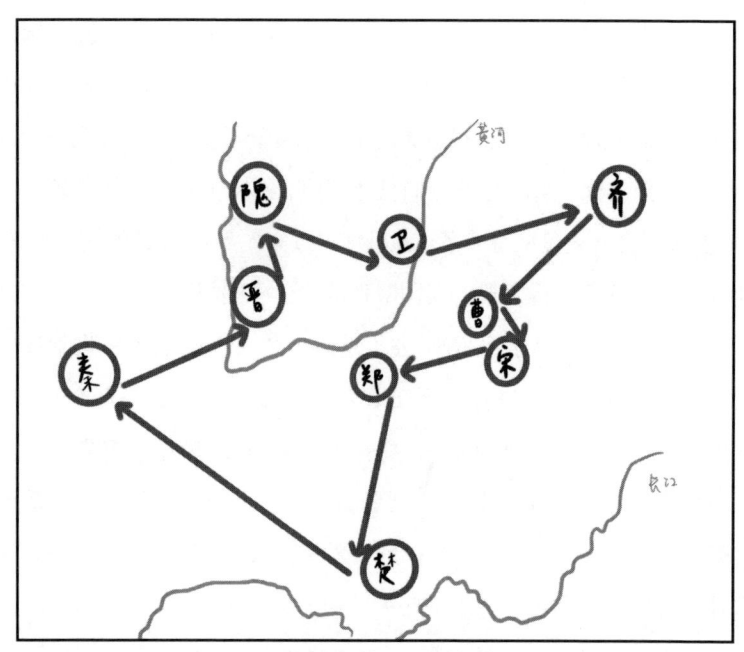

公子重耳流亡形势示意图

上了岁数的公子重耳，哦，不对，晋文公内心充满时不我待的焦虑，着手整理军政，举贤任能，省用足财，很快让晋国大治。同时，漫长的游历与各地的见闻，也让他切身感受到近些年时局的改变：

齐桓公的霸业化为陈迹后，楚成王简直所向披靡，差不多蹂躏了整个中原。

偏南的陈国、蔡国、许国，基本上成为楚国的附属品；靠北的鲁国奉行"敌人的敌人就是我朋友"的原则，联楚攻齐；曾经见过的诸侯老熟人们，如卫文公、曹共公、郑文公等，或归顺、或联姻，悉数尊奉楚成王的号令；唯一敢站出来跟楚成王掰手腕的宋襄公，大败于泓水（今河南省商丘市柘城县），伤重身亡。

雪上加霜的是，北方狄兵重临中原，一度攻破东周王畿，逼得周襄王蒙尘。"南夷与北狄交，中国不绝若线"的景象从来没有这么真实过。华夏文明需要有人再度扛起"尊王攘夷"的旗帜，晋文公自觉舍我其谁。

前632年，春秋第一次超大规模战役爆发，史称"城濮之战"。先是，楚成王亲征宋国，宋国遣使向晋文公告急。于是，晋国出兵，侵曹、伐卫，意在剪除楚成王羽翼，引其回援，还顺手占了差点在那儿吃土的五鹿。当然，考虑到曹、卫两国与五鹿乡民在重耳流亡时的无礼态度，我们有理由怀疑晋文公偷偷拉了一个黑名单。

战争如同滚雪球一般，把越来越多的诸侯国卷了进来。直至晋、楚两大阵营对垒于城濮（今山东省菏泽市鄄城附近）。晋方有晋、齐、秦、宋出战；楚方有楚、陈、蔡、许、郑列席。——郑文公不知道，此刻的站队埋下了将来晋、秦围殴他的第二个祸根。

晋文公践行了当初对楚成王的诺言，主动退避三舍——后撤九十里地。一来报答落魄之日楚国对自己的礼遇；二来避其锋芒，诱敌深入，以逸待劳。最终，他实现了连齐桓公都未曾做到的壮举：正面击溃了楚师。此役过后，天下耸动。楚国锋芒受挫，不得不退出中原。晋国强势崛起，威服群雄。仅就"攘夷"之功而言，晋文远迈齐桓。

"城濮之战"的烟尘散去了两年，左右无事，晋文公又把黑名单拿出来仔细看了看，手指划过郑国，于是：

> 晋侯、秦伯围郑，以其无礼于晋，且贰于楚也。晋军函陵，秦军氾南。

这是古文《烛之武退秦师》的开篇。晋文公和秦穆公围攻郑国，因为郑国对文公无礼，而且依附于晋国的同时又与楚国亲近。晋国军队驻扎在函陵，秦国军队驻扎在氾水南面。

游走于史实与传说之间

郑文公面临着一场史无前例的灾难，同时跟两个"春秋五霸"级别的对手开战，没有一丁点儿胜算。危急时刻，大夫佚之狐站了出来，向郑文公推荐了烛之武。一个名字结构跟自己一样，尾音还押韵的男人。

> 佚之狐言于郑伯曰："国危矣。若使烛之武见秦君，师必退。"

佚之狐对郑文公说："国家危险了，如果派烛之武去见秦国国君，秦国军队一定会撤退。"郑文公估计一脸茫然：烛之武是谁？

没关系，因为就连渊博的史官们也说不清楚。《左传》只简单记录了一句台词，供后人猜测烛之武的生平，其他则语焉不详。烛之武委婉地拒绝：

> 臣之壮也，犹不如人；今老矣，无能为也已。

"臣壮年时，尚且不如别人；如今老了，无能为力了。"通过这番话，我们可以草草勾勒出他的形象，斯人已届桑榆暮景。

其实，"烛之武"这个称谓，很值得拆解一番。"武"是他正儿八经的"名"，"烛"却并非他的"姓"。实际上，"烛"是一处地点，就在郑国都城附近。或许凭借着"退秦师"的功绩，烛地后来成为了他的采邑，他便以此为"氏"，史书中才出现了"烛之武"。

我们阅读古文的时候需要留意，在战国以前，"氏"同"姓"存在非常大的区别。一般平民没有"姓氏"，而贵族男子从来只称"氏"，不称"姓"——这也是"烛"字为"氏"而不为"姓"的理由，至于贵族女孩儿则必须称"姓"。具体原因，容稍作解释。

"姓"原本是历史悠久的"族号"——不是个人，不是家族，而是整个氏族的符号。理论上讲，它产生于母系社会，所以我们看到不少古老的姓都以"女"字作为偏旁。譬如，传说中的黄帝姓"姬"，炎帝姓"姜"。上古氏族繁多且庞杂，所以有了"百姓"这个词语。从神话时代一步一步走进春秋，重要的姓总共留存下来二十二个：妫、姒、子、姬、风、嬴、己、任、姞、祁、芈、曹、董、姜、偃、归、曼、熊、隗、漆、妘、允。它们默默见证了岁月的流逝和部落的兴替。由于我们的祖先很早就认知到近亲繁殖的危害，他们因此定下了氏族内部不得通婚的规矩，并慢慢演化为"同姓不婚"的礼俗。这正是女孩儿必须标明"姓"的缘故，防止她嫁错婆家。

而"氏"是"姓"的分支。随着后世子孙繁衍壮大、四散迁徙，同一个"姓"底下逐渐派生出了不同的"氏"。"姓"代表共同的源起，因此历经千百年都不会变化；而"氏"则反映当下的实际，往往间隔一两代就要推陈出新，可以昭明男子的身份和贵贱。有的氏源出于官职，如"卜"偃、"史"墨、"司马"穰苴；有的氏纪念了近祖，如"孔"丘的六世祖公子嘉，字"孔父"；有的氏标识着居住的地点，如"西门"豹、"百里"奚；当然，也有的氏表明了自己的采邑，如"烛"之武。直至战国以后，"姓"与"氏"才逐渐合二为一，到了汉代，更通称为姓。

说完了"烛"和"武"，我们再来看看有意思的"之"。前人取名，有时候喜欢加上一个"之"字，而又以春秋和六朝为最。春秋一代有佚之狐、烛之武、介之推、舟之侨、宫之奇、石之纷如、庚公之斯，不一而足。六朝时期，出现了顾恺之、祖冲之、裴松之、王羲之，以及王羲之的七个儿子：玄之、凝之、涣之、肃之、徽之、操之、献之。名字有"之"，似乎显得古意盎然，读起来也别有韵味。

当然，陈寅恪先生考证，六朝人名中的"之"，与当时流行的天师道有密切关联，"之"字是大家信奉道门的徽记。那么，春秋人名中的"之"呢？很多学者认为，这是一个语助词，体现了古人的节奏感和强迫症。他们说话或者行文的时候，为了图语句的整齐，节奏的和谐，硬塞了一个毫不相干的字进去。你要不喜欢，大可以直接删去。

明朝文学家冯梦龙撰写过长篇小说《东周列国志》，第四十三回标题为《智宁俞假鸩复卫，老烛武缒城说秦》，就爽利地称呼老人家为"烛武"。并且结合各种传说，脑补了烛武的年纪、形象和履历：

（佚之）狐对曰："臣不堪也，臣愿举一人以自代。此人乃口悬河汉，舌摇山岳之士，但其老不见用。主公若加其官爵，使之往说，不患秦公不听矣。"郑伯问："是何人？"狐曰："考城人也，姓烛名武，年过七十，事郑国为圉正，三世不迁官。乞主公加礼而遣之。"

郑伯遂召烛武入朝，见其须眉尽白，伛偻其身，蹒跚其步，左右无不含笑。烛武拜见了郑伯，奏曰："主公召老臣何事？"郑伯曰："佚之狐言子舌辩过人，欲烦子说退秦师，寡人将与子共国。"烛武再拜辞曰："臣学疏才拙，当少壮时，尚不能建立尺寸之功，况今老耄，筋力既竭，语言发喘，安能犯颜进说，动千乘之听乎？"

郑伯曰："子事郑三世，老不见用，孤之过也，今封子为亚卿，强为寡人一行。"佚之狐在旁赞言曰："大丈夫老不遇时，委之于命。今君知先生而用之，先生不可再辞。"烛武乃受命而出。

在小说虚拟的世界里，烛武年过七十，须眉尽白，身躯伛偻，步履蹒跚。曾经侍奉过郑国三代国君。虽然是口舌伶俐的辩士，但始终干着"圉正"的活儿。所谓"圉正"，特指养马的官儿，也就是传说中的"弼马温"。

无论如何，老人家最后接受了郑文公的请求，决定去游说秦穆公。

烛之武的"技"与"道"

夜里，烛之武用绳子缚住身体，从城墙上坠了下去，寻至秦营，见到了秦穆公。随即出现了微妙的一幕：烛之武专程来作说客，秦穆公知道他是说客，烛之武也知道秦穆公知道他是说客。甚至秦穆公很清楚烛之武的目的——保全郑国。穆公望向烛武，脸上写满期待："请开始你的表演。"

于是，烛之武说：

秦、晋围郑，郑既知亡矣。

"秦、晋围攻郑国，郑国已经知道要灭亡了。"这番话虽然合乎当下的情理，但也确实出乎秦穆公的意料——说客一上来就宣布投降了，尤其是从老人家口中缓缓说出，拖长了最后的"矣"字，自带一种安于宿命的平和。秦穆公的心大概宁定了一半。

然后，烛之武开始了他真正的表演，由于说辞太过经典，姑且摘录全文如下：

若亡郑而有益于君，敢以烦执事。越国以鄙远，君知其难也。焉用亡郑以陪邻？邻之厚，君之薄也。若舍郑以为东道主，行李之往来，共其乏困，君亦无所害。且君尝为晋君赐矣，许君焦、瑕，朝济而夕设版焉，君之所知也。夫晋，何厌之有？既东封郑，又欲肆其西封。若不阙秦，将焉取之？阙秦以利晋，唯君图之。

老人家絮絮叨叨谈了很多内容，但其实总共只讲了三句话：亡郑无益。存郑无害。何必利晋。秦穆公听君一席话，如听四个字：注意晋国。这段言辞充分展示了烛之武游说君主的"技"与"道"。

先来谈谈"技"。我们在听剧场相声或者脱口秀的时候，往往会有体会，同一个段子被不同的人演绎出来，效果迥异。时而令人捧腹，时而尬出天际。这是因为说话本身存在形式技巧。

烛之武不说"亡郑有害"，灭亡郑国"有坏处"；而说"亡郑无益"，灭亡郑国"没有好处"。言语上显然经过了打磨。如果他张口就来"亡郑有害于秦"，那么对秦穆公而言纯属危言耸听，简直悖于常理。因此，烛之武委婉地表达道，如果灭亡郑国对您有好处，不妨劳动大驾。但是，越过庞大的晋国来占领郑国土地，是不切实际的，是没有好处的。既然"亡郑无益"，是不是可以重新考虑考虑？

与此同时，烛之武不说"存郑有益"，保全郑国"有好处"；而说"存郑无害"，保全郑国"没啥坏处"。这更是仔细思量后的措辞。假使他强调"存郑有利于秦"，在秦穆公看来未免目的性太强了。举凡目的性太强的话，就容易引发反感和抵触，其接受度通常要打个折扣。因此，烛之武委婉地表达道，如果保全郑国，让郑国为秦国远行的使者们提供食宿，对您也没有什么损害。既然"存郑无害"，是不是值得从头研究研究？

烛之武的话点到即止，无论起不起作用，至少先让秦穆公听进

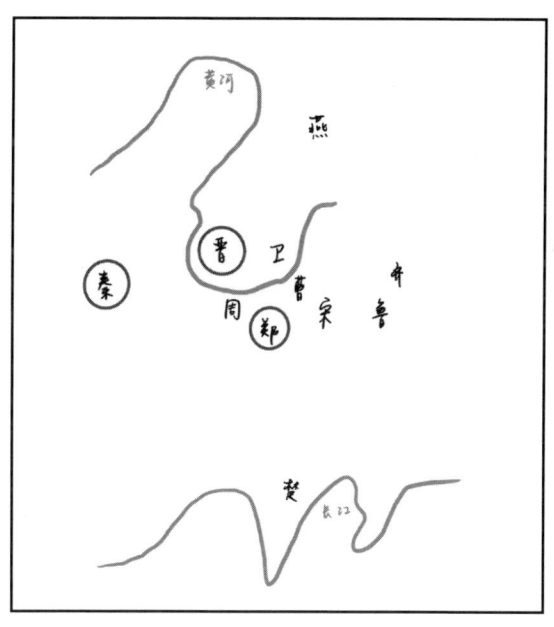

春秋时期，秦、晋、郑方位形势示意图

去了。

接着论论"道"。战国中后期,纵横家游说之风大盛。苏秦西入咸阳谒秦惠王,高谈阔论,妙语纷呈。秦惠王听得津津有味,然后拒绝了他。苏秦的口语表达能力,应当为时人的天花板,之所以不被任用,是因为没有命中君主的心动点。

而烛之武早早替秦穆公把好了脉。话题聊开了以后,他也就懒得再提郑国,直接切入秦、晋关系。烛之武帮秦穆公闪回了一桩往事,来证明晋国的贪得无厌。当初骊姬之乱爆发时,重耳出逃至戎狄,而弟弟夷吾也奔赴梁国。后来,夷吾重贿秦穆公,用八座城邑换取了后者的支持。公子夷吾十分痛快:反正国家也不是我的,何必吝惜土地。秦国于是出兵助他归国继位。登上君位的夷吾,即晋惠公,则一脸痛苦:土地是先君传下来的,我怎么能擅自予人呢?秦穆公等了一场寂寞。——当然此时,公子重耳还在流亡的路上。

不过,惠公的不要脸,放眼整个晋国历史都名列前茅。何况人已经没了,秦国也不至于将晋惠公和晋文公傻傻分不清楚。"何厌之有"的指责,于当下未必成立。然而,烛之武聊的根本就不是具体的"事",而是宏观的"势"。

秦穆公的祖先们发祥于今天的甘肃省东部,一直以苦哈哈的形象生活在西周疆域的小角落里。直到犬戎攻破镐京时,他们才站出来怒刷了一波存在感,以平王护卫队的身份荣获不少封赏:秦国升级成为正式的诸侯,并得到了关中一带的统治权。向东迁徙至洛邑的周天子也颇有几分"反正不是我的了,何必吝惜土地"的风范。

春秋时期,赳赳老秦不断东扩,逐渐逼近黄河"几"字弯的右侧。中原诸侯拥有的物质条件,具备的文化水准,令他们大开眼界,不胜心向往之。然而,进一步东进的孔道,恰好被晋国扼守。反过来,晋国幅员广阔，表里山河，占尽了地利，发展潜力深不可测。现在经过晋文公的加持，直接戴上了主角光环，东向已然称霸，西向足以制秦。因此，总结起来，秦国的主要矛盾，就是"秦人日益增长的美好生活需要"与"晋国崛起"之间的矛盾。这一矛盾，不以秦穆公与晋文公的私交情谊而有所转移。

烛之武的话仍然点到即止，郑国不知不觉被撇得一干二净，而"能否接受晋国获利"的现实问题摆在了秦穆公面前。烛之武以旁观者的身份委婉地表达，请您自行定夺。

两千年多后，评论家金圣叹读毕《烛之武退秦师》，写下了一行批语：

> 妙在其辞愈委婉，其说愈晓畅。

听完晓畅的道理，秦穆公毫不犹豫选择回撤。他与郑国订立好盟约，留下三位大夫杞子、逢孙、杨孙协助防守，就此与晋国分道扬镳。文公的舅舅狐偃再度登场，请求攻打秦军，而文公本人感念秦国的旧情，也下令班师还朝。

末了，我们再来聊一聊烛之武。经常会有读者议论，认为烛之武的说辞颇为普通，只不过点破了一些显而易见的事实。但切记切记，那是因为我们身处两千多年后的今天。我们回望过去的时候，手头上有地图，有史册，有数不清的前人的研究，甚至还有一部写满所有剧情的《左传》。

然而，烛之武只是站在前630年，独自揣摩着一切。长期以来，他默默无闻，远离朝堂，基本置身于信息洼地之中。结果在那个秋天，他竟然展现出鸟瞰世界的视野，大放异彩。

原文注译

晋侯①、秦伯②围郑,以③其无礼于晋④,且贰⑤于楚也。晋军⑥函陵⑦,秦军氾南⑧。

佚之狐⑨言于郑伯⑩曰:"国危矣,若使烛之武⑪见秦君,师必退。"公从之。辞曰:"臣之壮⑫也,犹⑬不如人;今老矣,无能为也已⑭。"公曰:"吾不能早用子,今急而求子,是⑮寡人之过也。然郑亡,子亦有不利焉。"许⑯之。

晋文公和秦穆公围攻郑国,因为郑国对晋文公无礼,而且依附于晋国的同时,又与楚国亲近。晋国军队驻扎在函陵,秦国军队驻扎在氾水的南面。

佚之狐对郑文公说:"国家危险了,如果派遣烛之武去见秦国国君,秦国军队一定会撤退。"郑文公听从了建议。(烛之武)推辞说:"臣壮年时,尚且不如别人;如今老了,无能为力了。"郑文公说:"我不能及早用您,如今急急而来求您,这是寡人的过错。但是郑国灭亡了,您也有不利啊。"(烛之武)答应了。

注 释

① 晋侯:即晋文公(?~前628),春秋时期晋国国君。姬姓,名重耳。春秋五霸之一。春秋五等爵,公、侯、伯、子、男,晋为侯爵。　② 秦伯:即秦穆公(?~前621),春秋时期秦国国君。嬴姓,名任好。春秋五霸之一。春秋五等爵,公、侯、伯、子、男,秦为伯爵。　③ 以:因为。　④ 无礼于晋:对晋文公无礼。按:指晋文公早年流亡,途经郑国,郑文公并未以礼相待。　⑤ 贰:有二心。指郑国依附于晋的同时,又与

楚亲近。　⑥军：作动词用，驻扎。　⑦函陵：地名，在今河南省新郑市北。　⑧氾（fán）南：氾水的南面。氾，氾水，早已淤塞，故道在今河南省中牟县南。　⑨佚之狐：春秋时期郑国大夫。　⑩郑伯：即郑文公（？～前628），春秋时期郑国国君。姬姓，名捷。　⑪烛之武：春秋时期郑国大夫。　⑫壮：壮年。古时男子三十为"壮"。　⑬犹：尚且。　⑭也已：语气助词，表示确定。　⑮是：代词，这。　⑯许：答应

　　夜缒①而出。见秦伯，曰："秦、晋围郑，郑既②知亡矣。若亡郑而有益于君，敢以烦执事③。越国以鄙④远⑤，君知其难也。焉用亡郑以陪邻⑥？邻之厚，君之薄也。若舍郑⑦以为东道主⑧，行李⑨之往来，共⑩其乏困⑪，君亦无所害。且君尝为晋君赐⑫矣，许君焦、瑕⑬，朝济⑭而夕设版⑮焉，君之所知也。夫晋，何厌之有⑯？既东封⑰郑，又欲肆⑱其西封。若不阙⑲秦，将焉⑳取之？阙秦以利晋，唯㉑君图㉒之。"秦伯说㉓，与郑人盟，使杞子、逢孙、杨孙㉔戍㉕之，乃还。

　　夜里(烛之武)用绳子缚住身体，从城墙上坠下去，见到秦穆公，说："秦、晋围攻郑国，郑国已经知道要灭亡了。如果灭亡郑国对您有好处，冒昧地用（亡郑这件事情）来麻烦您。越过其他国家而把远地设为边邑，您知道它的困难。何必灭亡郑国来扩大邻国的疆域呢？邻国的实力增强，（就等于）您的势力削弱。如果放弃进攻郑国而使（郑国）成为东方道路上招待客人的主人，外交使节来往，（郑国）供给他们在食宿方面的不足，您也没有什么损害。另外，您曾经给予晋君恩惠，（晋君）答应给您焦、瑕两地，（但晋君）早晨刚渡河归国而晚上就在

子犯㉖请击之。公㉗曰："不可。微㉘夫人㉙之力不及此。因㉚人之力而敝㉛之，不仁；失其所与㉜，不知㉝；以乱㉞易整㉟，不武㊱。吾其㊲还也。"亦去之。

那里修筑防御工事，（这是）您知道的事情。晋国，有什么满足的？已经向东把郑国作为疆界，又要扩张它西边的疆界，如果不损害秦国，将在哪里夺取土地？损害秦国而让晋国得利，希望您考虑这件事。"秦伯很高兴，与郑国订立盟约。派杞子、逢孙、杨孙防守郑国，就回国了。

子犯请求攻打秦军。晋文公说："不行。没有那个人的力量，（我）不会有今天。依靠别人的力量却损害别人，这是不仁；失去结交的同盟国，这是不智；用混乱取代联合，这是不武。我们还是回去吧！"（晋军）也回去了。

注　释

① 缒（zhuì）：用绳子缚住，从城墙上坠下去。　② 既：已经。　③ 敢以烦执事：即"敢以之烦执事"，冒昧地用亡郑这件事情来麻烦您。敢，自言冒昧的谦辞。执事，办事的官员，代指秦穆公，表示恭敬。　④ 鄙：边邑，此处用作动词。把……设为边邑。　⑤ 远：远地，指郑国。　⑥ 陪邻：指扩大邻国的疆域。陪，增加，扩大。邻，指晋国。　⑦ 舍郑：放弃进攻郑国。　⑧ 东道主：东方道路上招待客

人的主人,后泛指接待或宴客的主人。郑国在秦国东面,故可以招待秦国的过往使者。 ⑨ 行李:外交使节。 ⑩ 共:同"供",供给。 ⑪ 乏困:在食宿方面的不足。 ⑫ 尝为晋君赐:曾经给予晋君恩惠。尝,曾经。为,给予。赐,恩惠。按:前651年,秦穆公曾助晋惠公回国继位。 ⑬ 焦、瑕:晋国二邑名,均在今河南省三门峡市一带。 ⑭ 济:渡河,指晋惠公渡河归国一事。 ⑮ 设版:修筑防御工事。版,打土墙用的夹板,这里指防御工事。 ⑯ 何厌之有:即有何厌。有什么满足的。厌,同"餍",饱,满足。 ⑰ 封:疆界,这里作动词,把……作为疆界。 ⑱ 肆:延伸、扩张。 ⑲ 阙:同"缺",损害、削减。 ⑳ 焉:哪里。 ㉑ 唯:表示希望、祈请。 ㉒ 图:考虑。 ㉓ 说:同"悦",喜悦。 ㉔ 杞子、逢(páng)孙、杨孙:春秋时期秦国大夫。 ㉕ 戍:防守。 ㉖ 子犯:即狐偃,春秋时期晋国大夫。字子犯,重耳的舅父。 ㉗ 公:指晋文公。 ㉘ 微:没有,无。 ㉙ 夫(fú)人:那个人,指秦穆公。 ㉚ 因:依靠。 ㉛ 敝:损害。 ㉜ 与:结交、同盟。 ㉝ 知:同"智",明智。 ㉞ 乱:混乱。 ㉟ 整:联合,团结。 ㊱ 武:指使用武力时应遵守的道义准则。 ㊲ 其:表示祈使语气。

文史常识

⊙ 古人的"姓"与"氏"有什么不一样?

《史记·齐太公世家》开篇云:"太公望吕尚者,东海上人。"这里的"吕尚",其实就是"姜子牙"。他是姜姓,吕氏,名尚,字子牙。秦始皇"嬴政",也有人喜欢称之为"赵政",因为他是嬴姓,赵氏,名政。我们在阅读古文时需要注意,在战国以前,"姓"和"氏"存在很大的区别。

烛之武退秦师

从源头上说,"姓"是历史悠久的"族号",应该在母系氏族社会就产生了。因此,不少古老的姓都以"女"字作为偏旁。传说中的黄帝是"姬"姓,炎帝是"姜"姓,尧是"祁"姓,舜是"姚"姓(一说"妫"姓)。后来,夏朝的禹是"姒"姓,商朝的汤是"子"姓。在周代,周王室与同姓封国,如鲁、晋、郑、卫、燕、吴等,都是"姬"姓;异姓封国齐是"姜"姓,楚是"芈"姓,秦是"嬴"姓,宋是"子"姓,越是"妫"姓。"百姓"一词,起初指众多的氏族,后来特指贵族。在春秋战国时期,一般平民是没有"姓"的。

通常认为,姓最重要的作用是"别婚姻"。在氏族社会,为了避免近亲繁殖产生危害,于是形成了同一氏族内部不得通婚的规矩,后来慢慢演变成先秦时期"同姓不婚"的原则。因此贵族女子一定要清楚标明自己的"姓",不能嫁错对象。秦、晋两国地缘接近,且不同"姓",所以时有联姻,才会出现"秦晋之好"的说法。在春秋后期,一方面礼乐崩坏,传统秩序遭到践踏;另一方面同姓封国之间,血缘关系已经比较遥远,所以"同姓不婚"的原则逐渐被破坏。

从演变上看,"氏"是"姓"的分支。随着同一"姓"里的子孙逐渐开枝散叶,四处迁移,遂分化出不同的"氏"。譬如,"姬"姓下面衍生出了孟氏、季氏、游氏等;"子"姓下面衍生出了宋氏、向氏、华氏等;"姜"姓下面衍生出了吕氏、崔氏、申氏等。

由于"氏"反映了家族最新的变化,因此间隔一两代就可能推陈出新。贵族男子也通过"氏"来体现自己当下的身份。诸侯往往以受封的国名为"氏";卿大夫以受封的邑名为"氏";也有人以祖先的字或者谥号为氏,如"季孙""孔""庄"等;或者以所居地名为氏,如"西门""南宫""东郭"等;或者以官名为氏,如"史""祝""卜""乐正""司马"等;或者以技艺为氏,如"巫""陶"等。

战国以后,"姓"与"氏"逐渐合二为一,到了汉代,更通称为"姓"。上至天子,下及庶民,也都有了"姓"。

文言语法

⊙ 判断句

现代汉语的判断句,有非常明显的标识——判断词"是"。譬如,"这是一本书""我是中国人"之类。然而,古代汉语的判断句,一般不以"是"字作标识。《烛之武退秦师》中的"今急而求子,是寡人之过也",就千万不能直接翻译为:"如今危急而来求您,是寡人的过错。"因为该处的"是"字为指示代词,相当于"这"。全句应该理解为:"如今危急而来求您,这是寡人的过错。"

在先秦时期,"是"字几乎都是指示代词。《左传·僖公二年》记载:"公曰:'是吾宝也。'"要翻译为:"国君说:'这是我的宝贝。'"《论语·季氏》也有:"夫颛臾,昔者先王以为东蒙主,且在邦域之中矣,是社稷之臣也。"要翻译为:"那颛臾,昔日先王把它的国君当作主管东蒙山祭祀的人,而且在鲁国境内,这是鲁国的社稷之臣。"

汉代以来,"是"字逐渐产生了判断词的用法。陶渊明《桃花源记》云:"问今是何世,乃不知有汉,无论魏晋。"就应翻译为:"问如今是什么时代,竟然不知道有汉朝,更不必说魏晋了。"句中"是"字跟今天的判断词完全一致了。但是,需要注意,"是"字作为判断词,在古代始终没有流行开来。例如我们读到柳宗元的《封建论》:"夫殷、周之不革者,是不得已也。"还是需要翻译为:"商朝、周朝没有改革,这是不得已。"因此,我们在翻阅古籍时,只要遇见了"是"字,始终优先将它理解为指示代词。

至于文言文里面的判断句,大概有如下两大类:

第一,以"……者,……也"作为标识的判断句。

①南冥者,天池也。(《庄子·逍遥游》)

翻译为:南冥是天池。

②廉颇者,赵之良将也。(《史记·廉颇蔺相如列传》)

翻译为:廉颇是赵国的良将。在这一常见句型中,"者""也"二字其实可以省略,也能够调换位置。

①陈轸者,游说之士。(《史记·张仪列传》)

省略了"也"字。

②张骞,汉中人也。(《汉书·张骞传》)

省略了"者"字。

③刘备,天下枭雄。(《资治通鉴·赤壁之战》)

"者"字和"也"字一并省略。

④君子之仕也,行其义也。(《论语·微子》)

前面的"者"字换成了"也"字。

⑤城北徐公,齐国之美丽者也。(《战国策·邹忌讽齐王纳谏》)

"者"字和"也"字都放在了句末。

⑥孝弟也者,其为人之本与。(《论语·学而》)

"也"字和"者"字都放在了前一个分句的最后。

第二,以"为""亦""乃""则""即""皆""素""非"等词作为标识的判断句。

①如今人方为刀俎,我为鱼肉。(《史记·项羽本纪》)

②此亦妄人也已矣。(《孟子·离娄下》)

③当立者乃公子扶苏。（《史记·陈涉世家》）
④此则岳阳楼之大观也。（范仲淹《岳阳楼记》）
⑤梁父，即楚将项燕。（《史记·项羽本纪》）
⑥夫六国与秦皆诸侯。（苏洵《六国论》）
⑦且相如素贱人。（《史记·廉颇蔺相如列传》）
⑧子非鱼，安知鱼之乐。（《庄子·秋水》）

上述所有句子，都可以翻译成："A 是 / 不是 B。"但是，罗列出来的那些词本身，并不是真正意义上的判断词。其中，"为"是动词，而其他都属于副词，用来加强语气。

蹇叔哭师

选自《左传·僖公三十二年》

人物关系

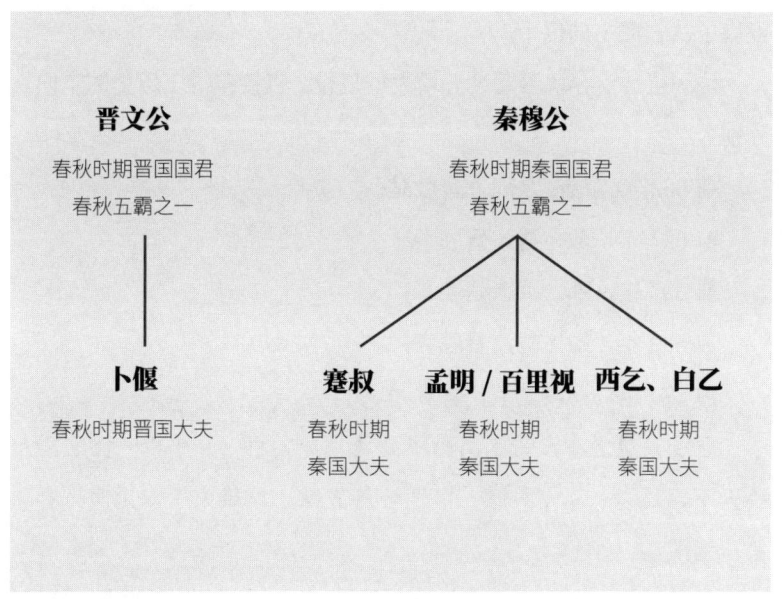

文章导读

如果把《左传》当作一部武侠小说,那么郑庄公就是出场亮相的第一位高手,在划定的范围里纵横捭阖。其状态和地位仿佛《射雕英雄传》里的丘处机,背负长剑,神采飞扬。只要东邪、西毒、南帝、北丐等绝顶人物持续神隐,他基本上可以笑傲江湖。但是,随着阅读过程的逐步深入,我们的视线离开新手村后,我们就会发现更多厉害的角色日益显山露水：东齐、西秦、南楚、北狄，以及中央的晋国。

除开戎狄暂且不提，齐有齐桓公，秦有秦穆公，楚有楚庄王，他们都堪称不世出的豪杰，拥有过自己的光辉岁月，可惜人亡政息，嗣君难以为继，故各诸侯国强劲的势头无法一以贯之。唯独晋国不然。晋国自文公始霸，后世子孙勉力承业，薪火相传，终春秋之世，坐稳了武林盟主的位子。

坊间盛传，春秋爆发过五场大型战役，直接左右了历史的走向。分别为：

前632年，城濮之战，晋胜楚；

前627年，殽之战，晋胜秦；

前597年，邲之战，楚胜晋；

前589年，鞌之战，晋胜齐；

前575年，鄢陵之战，晋胜楚。

五场较量之中，晋国出勤率高达百分之百。几乎以一国之力单挑天下，还以4：1大胜。可谓一剑光寒，群雄束手，无愧为春秋第一强国。

如果说前文《烛之武退秦师》是晋、楚"城濮之战"的余波荡漾，那么本篇《蹇叔哭师》就是晋、秦"殽之战"的小引序曲。且听详细分解。

传奇的谢幕

前628年夏，在位将近四十五载的郑文公辞别人间，终于摆脱了生存在大国夹缝中的忧虑；而到了冬季，好不容易结束了流亡生涯，归国仅八年的晋文公也溘然长逝,一代传奇匆匆谢幕。当然,与前代霸主齐桓公,以及同期的竞争对手楚成王相比,晋文公的离场十分体面。

先聊聊齐桓公。据说,当初管仲临终前,放心不下,反复叮咛齐桓公要远离小人。但躺在功勋簿上的齐桓公已经空前自信,颇不以为然。随后数年之间,易牙、寺人貂等奸佞受到恩宠,逐渐蚕食权柄。等到桓公病重,先是群公子按捺不住,疯狂内卷,笼络党羽争夺储君之位。及至桓公去世,大家更肆无忌惮,互相攻伐,手足相残。同时易牙、寺人貂也内外勾结,群体作乱,大肆诛杀朝中异己。

临淄宫中空空荡荡,没有人敢为齐桓公装殓入棺。可怜桓公十月初七去世,尸体停放在床上足足过了六十多天。直到十二月初八,公子无诡继位,才置备好棺材,并对外发出讣告。十二月十四日夜晚,仓促地举行了入殓和出殡的丧礼。之所以选在清静人少的夜晚,估计场面不忍卒视。按《史记·齐世家》的说法,桓公尸体上生出的蛆虫早就爬到了宫门之外。

再看看楚成王。楚成王起初想立商臣为太子。令尹(楚国执政官)子上从一个清奇的角度进行了规劝,指出商臣"蜂目而豺声",即眼睛像胡蜂,声音像豺狼,是一个狠人,君上不可冲动。一生无往而不利,只在城濮输过一回的楚成王同样自信,颇不以为然,坚持把商臣立了。等到成王年事渐高,对子女的喜爱发生了偏移,遂打算罢黜商臣,改立王子职。

老师潘崇就问商臣:"能事奉王子职吗?"商臣摇头:"不能。"潘崇又问:"能逃亡吗?"商臣摇头:"不能。"潘崇最后问:"能干票大的吗?"商臣说:"能!"商臣人狠话不多,直接统领宫中甲士把楚成王包了饺子,逼亲爹自杀。楚成王上天无路,向儿子申请吃一顿熊掌。因为熊掌肥厚,不好弄熟,可以多拖延一点时间。商臣爽快地拒绝了。成王无奈,只能自缢身亡。

在同行的衬托下,晋文公走得非常安详。只是行将出殡时,发生了一段小插曲:

> 冬,晋文公卒。庚辰,将殡于曲沃。出绛,柩有声如牛。

冬天,晋文公逝世。庚辰日,晋人准备把他的棺材送至曲沃(今山西省临汾市),举行殡礼。曲沃是晋国国君祖庙所在之地。可刚刚离开国都绛城(今山西省翼城县东南),棺材里就传出了牛的嚎叫声。随行的大夫们全都惊呆了。

关于这件诡异的事情,后世众说纷纭。有人喜欢讲科学,说尸体在棺材当中,或许经过了一些化学反应,就产生了"非人类"的动静;也有人热衷于阴谋论,说晋文公搞不好是被活埋的吧。人在什么状态下会发出牛叫呢?估计是嘴被堵住了,塞着布,就只能折腾出奇怪的声响。

很多年之后,上述剧情居然还重新演绎一遍。当时是在南朝的梁,梁文帝儿子萧畅去世,合棺将葬,棺材里也突然有了声音。周围的人惊疑不定,考虑要不要开棺检视。萧畅的王妃柳氏反而表现得十分淡定,平静地说道:"晋文已有前例,不闻开棺。无益亡者之生,徒增生者之痛。"——晋文公就出过类似的情况,也没听说把棺材打开了,就这样吧。

于是,历史上又多了一桩悬案。当然,话又说回来了,晋文公活时着就被装进棺材的可能性微乎其微。因为在先秦时期,诸侯寿终,前后经历的流程特别烦琐,参与其间的人也不少。譬如,在将死之时，就要注意屋内和衣服的洁净，或许还要将新丝帛放在口鼻上，用来验证是否有气。以至于"属（zhǔ 放置）纩（kuàng 新絮）"成为临终的代名词。新死之后，便会有一队专业人士前来"招魂"。"招魂"的地点一般安排在屋脊上，期待召唤死者的灵魂回到身体。灵魂实在回不来，就开始"饭"和"琀"，先取淘米水为死者沐发，再将用过的米充实口内，还放置一枚玉璧。紧接着是小殓穿寿衣，身份越尊贵，衣衾裹得越多，大殓入棺。与此同时，向天子和同盟诸侯发布讣告的使者已经奔走在了路上……整个过程跑完，若说晋文公一直硬吊着一口气，实在是小概率事件。

因此，我们姑且视文公出殡时出现了"灵异"现象。然而，万万没有想到的是，一件更加"灵异"的事儿跟着就来了：

> 卜偃使大夫拜，曰："君命大事：将有西师过轶我，击之，必大捷焉。"

就在众臣听到牛叫声，纷纷傻掉的那一瞬间，大夫卜偃挺身而出，让所有人赶紧跪拜。卜偃说，国君显灵了！

卜偃以"卜"为氏，专门掌管卜筮，也就是职业预言家。特殊时刻，他对"棺中牛叫"进行了深度解读。认为这是晋文公的英灵在发布警示，会有"大事"发生。春秋二百余年，"国之大事，在祀与戎"。国家层面的大事，就指祭祀与战争。因此，卜偃的话外音是战争即将爆发。他甚至明白地晓谕大夫们，对手就是西方的秦国。秦国军队即将从晋国过境，如果攻击他们，必获大捷！

由于上述情节过于离奇，不符合理性精神，有学者因此强行解释，指出卜偃应该是通过别的渠道，提前知晓了秦国行军的密谋，不过借由棺柩中的牛声来预警罢了。甚至那一声牛叫，可能都是"篝火狐鸣"之类的把戏。这样一来，事儿就显得正常多了。然而，我们大可不必曲为弥缝，因为《左传》里头讲晋国的"鬼故事"，也不是一回两回了。

最荒诞的剧本，在晋文公的孙子晋景公手里。相传晋景公得病后，做了一场噩梦，梦中见到了厉鬼。一觉醒来，景公召唤桑田巫上前解梦。桑田巫老老实实地回答说，您就要死了，都来不及吃新收的麦子了。

不久，景公病情果然渐趋沉重，便向秦国寻求名医。秦国派医缓前来救治。医缓将至未至，景公又做了一场奇怪的梦，梦见疾病化作两个小孩儿，商量之后，逃到了"肓之上，膏之下"。医缓诊疗完毕，告诉景公已经病入膏肓，他也无可奈何了。

孰料景公命硬，一直强撑到了麦子收成之季。欣喜之余，他立马找人做饭，要破掉吃不上新麦的"诅咒"。他还啯瑟地把新麦秀给桑田巫看，挑战他的专业性。随后，景公就迎来了他人生的高光时刻：

> 将食，涨，如厕，陷而卒。

刚要吃饭，结果肚子胀，起身上厕所，掉进粪坑死了。

有意思的是，一名宦官头天晚上也做了一场"攀龙附凤"的梦，梦见自己背着国君步步登天。第二日，他接到悲催的命令，下到厕所坑里把景公背了出来，并且以身殉葬。

由此可见，当时的史官确实比较迷信，有时候喜欢神神叨叨，不足为怪。

看完了夸张的"鬼故事",我们说回晋文公出殡和卜偃的预言。毫无疑问,卜偃就是《左传》着力塑造出来的、能够"窥测未来"的高人。经过接二连三神秘事件的铺陈,读者已经被吊足了胃口,期待着更加精彩的后续。

蹇叔的独幕剧

花开两朵,各表一枝。文章迅速把镜头从晋都郊外切换到秦国朝堂。一个久违的名字出现了 —— 杞子:

> 杞子自郑使告于秦曰:"郑人使我掌其北门之管,若潜师以来,国可得也。"

可能有人会迷惑:谁呀,这是?还记得两年前吗?秦穆公被烛之武劝返时,曾留下来三位大夫协助郑国防守,分别就是逢孙、杨孙和杞子。两年时间一晃而过,如果不出意外,杞子可能就消失在茫茫历史长河中了。然而,郑文公和晋文公竟接踵辞世,事情正在起变化。于是,不甘寂寞的杞子暗派使者归国,密告秦穆公:郑人让我掌管他们北门的钥匙,如果偷偷地发兵袭击,国都是可以取得的。

不知道为什么,秦穆公突然觉得这个想法挺好的,方案可操作,完全忘记了当初烛之武对他的谆谆教导:越过晋国去攻打郑国,本身就很困难。就算打下来了,秦国也无法据有,多半便宜了别人。

我们只能理解为,冥冥之中,秦穆公遭遇了历史剧情杀,被强行降智了。智商不在线的秦穆公,找到秦国的智力担当蹇叔,讨论出兵的计划。

蹇叔在《左传》里亮相不多，《蹇叔哭师》算是他的独幕剧。但司马迁在《史记·秦本纪》中，对蹇叔的人物形象进行了精心设计，有助于我们更加立体地认知他。

起初，晋国灭亡了虞国，俘虏了虞国国君与大夫百里奚。不久，秦、晋联姻，晋国的穆姬嫁给了秦穆公。而百里奚身为亡国贱俘，"有幸"成为陪嫁品。来到秦国后，已经七十高龄的老头，被激发出了逃跑的潜能，一路奔波去了楚地。

秦穆公提前做过功课，清楚百里奚是一位贤人，决定用重金把他赎回来。后来，转念一想，赎金别太重，让楚人也意识到老头的价值，于是只递给南方五张黑羊皮。楚人看看羊皮，再看看老头，觉得这笔买卖好像不亏，就把百里奚遣返了。据说，穆公与百里奚畅聊了三天，心情大好，直接将国政托付给了他。百里奚从此号称"五羖大夫"。

然而，百里奚告诉秦穆公，其实我远远不如我的朋友蹇叔。蹇叔看人奇准，料事如神。我曾经想去侍奉齐君无知，蹇叔告诉我无知不靠谱，别去。后来，无知果然被臣子弑杀，我免去了一场灾祸。我曾经想去投奔周王子颓，蹇叔告诉我王子颓不靠谱，别去。后来，王子颓果然造反身死，我又免去了一场灾祸。我曾经想去虞国做官，蹇叔告诉我虞国不靠谱，别去。但我任性了一回，去了。结果虞国被晋国攻灭，我沦为俘虏。秦穆公听完，不胜惊喜，赶紧备下厚礼恭迎蹇叔，拜为上大夫。

上述套路，很有几分后世传奇戏曲和话本小说的味道。就像是巧施奇计、大败曹军的徐庶，站在众人面前夸赞神龙见首不见尾的诸葛亮："庶如萤火之光，亮乃皓月之明也。"绿叶衬红花，一山还有一山高。

而此时此刻,面对跃跃欲试的秦穆公,蹇叔觉得伐郑方案不靠谱,别去:

> 蹇叔曰:"劳师以袭远,非所闻也。师劳力竭,远主备之,无乃不可乎?师之所为,郑必知之,勤而无所,必有悖心。且行千里,其谁不知?"

通过这番说辞,我们可以看出蹇叔是极其细腻的技术流。他从宏观战略、具体战术、内部军心和外部环境等各个维度,全方位无死角地论证了秦国伐郑的不可行之处。

蹇叔上来就指出,劳累大军,长途跋涉,去袭击远方的敌人,这样的案例我听都没听说过。令自己疲惫不堪,反而让对手以逸待劳,搁战略上就十分荒谬。有道是智者所见略同,蹇叔的"劳师以袭远,非所闻也",与烛之武的"越国以鄙远,君知其难也"遥相呼应。

蹇叔进一步剖析,杞子建议的"偷袭"战术,根本就无法成立。试想浩浩大军,千里奔波,迁延时日,要如何才能潜藏行迹?我军的行动,郑国必然知晓,将提前做好防范。一旦士卒历经艰辛抵达了目的地,正准备偷袭,却发现对面早已严防死守,必然产生背反情绪,致使军心不稳。

更何况,"且行千里,其谁不知?"最后,蹇叔直击了伐郑方案的要害。这个"谁",当然不是在说"郑",而是指从头到尾冷眼旁观的"晋"。秦军就在晋国眼皮子底下来来回回,晋人能不知道?说到底,蹇叔和烛之武都在提醒秦穆公应该留心晋国。

听完大夫蹇叔抽丝剥茧般细致的分析,君上立刻做出了回应:

> 公辞焉。

断然拒绝。秦穆公充满自信,晋文公新丧,晋人又能奈我何?

殽之战:匹马只轮无返者

前 628 年冬,晋文公出殡曲沃,秦杞子倡言袭郑,秦穆公召见大夫孟明视、西乞术、白乙丙,命他们领兵出发。其中,孟明视正是百里奚的儿子,以百里为氏,名视,字孟明。经常接触古文的读者一定熟悉,古人有名亦有字。先秦时期,如果将名和字连着说,习惯于先称字,后称名。此处的"孟明视"即为典型。

话说孟明、西乞、白乙整编士卒,东出秦都,将要奔袭郑国。无力阻拦的蹇叔选择哭谏,痛惜大军今日出得去,明天回不来了。秦穆公不愿见他,派人转达了骂人的话:

尔何知?中寿,尔墓之木拱矣!

"你懂什么?如果你六七十岁就死了,你坟墓上的树都有两手合抱那么粗了。"这成为经典台词"坟头草都老高了"又一个出处。

蹇叔的儿子恰好也在出征的队伍当中,蹇叔以大哭作别:

晋人御师必于殽。殽有二陵焉。其南陵,夏后皋之墓也;其北陵,文王之所辟风雨也。必死是间,余收尔骨焉!

同行的甲士多半会觉得费解,此去明明攻打郑国,结果相送的老父亲绝口不提郑国,反而一字一句都在跟儿子讲晋国:"晋人必定在殽抵御秦师,殽有两座大山。它的南方山陵,是夏朝君主皋的坟墓；它的北方山陵，是周文王躲避风雨的地方。（你）必定死在两座山陵之间，我去那里收你的骸骨吧！"

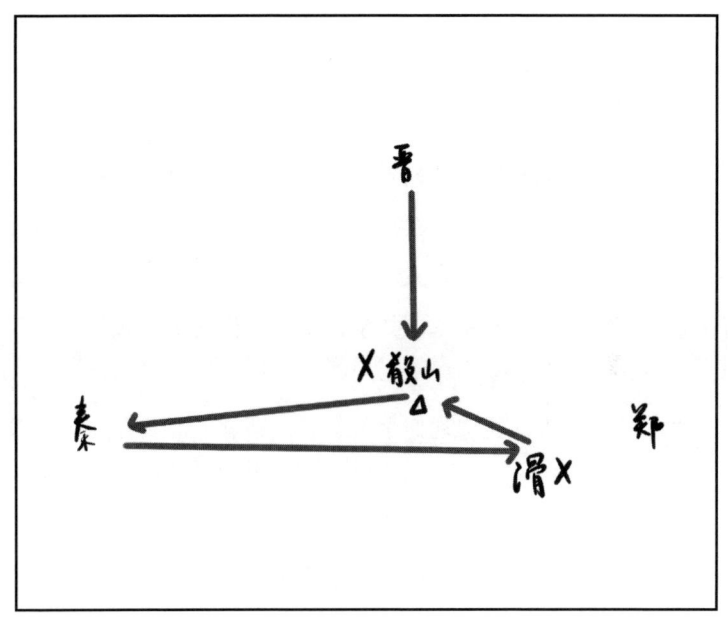

崤之战形势示意图

在奇怪的气氛中，秦国战车一路向东，绝尘而去。《蹇叔哭师》至此画上了句号。全篇文章以晋大夫卜偃的预言"将有西师过轶我，击之，必大捷焉"遥遥开端，到秦大夫蹇叔的推断"晋御师于崤，尔必死是间"戛然而止。秦、晋两军注定会相逢于宿命的古战场。

转眼间冬去春来，经历了换季的秦军一直颠簸在偷袭郑国的路上。当庞大的队伍抵达弹丸之地滑国时，终于距离郑国只剩一步之遥。而起伏跌宕的剧情就此上演。

郑国商人弦高正出门做生意，半道撞见了迤逦而来的数万名秦兵。不知道通过什么方法,他精确地洞悉了对面的意图——袭郑,随即做出了高水平的临场发挥,一边派人通报郑穆公,一边伪装成官方使者,主动前去犒劳士卒。

弦高先奉上四张熟牛皮,再牵过来十二头牛。在周代,牛是重要的劳动力,而且体形庞大,饲养缓慢。因此,从理论上讲,就算是诸侯也不能无缘无故地宰牛。如果在祭祀或燕飨时,能备齐猪、羊、牛三牲,即为"太牢",是最隆重的礼节。危急时刻,弦高一出手就是十二头牛,可以想见商人的阔气、礼物的贵重,甚至局势的紧张。

弦高恭恭敬敬地告诉秦人,知道大军要路过敝国,寡君已安排好了接待工作:不光有牛吃,如果住下,我们提供一天的食宿;如果离开,我们负责一宿的保卫。

"潜师"而来的孟明视们全都蒙了,感觉大部队行走在郑国的无死角监控里。偷袭是不可能偷袭了,只能把气撒在别处,秦军就地灭掉滑国后陆续回撤。

差不多同一时刻,收到讯息的郑穆公也对杞子、杨孙、逢孙下达了逐客令,话说得优雅且含蓄:敝国实在太穷了,粮食和干肉都耗尽了。为了保障生活质量,大夫们不如去原圃里猎取麋鹿,如何?

准备"内应"的秦大夫们匆匆出逃,从此彻底淡出了史官的视野。

最后的最后,卜偃和蹇叔的预言一定要有应验的机会。士气低迷的秦国军队在返乡途中,路过崤山一带,果然遭遇晋国的伏击,或者说是暴击,全军覆没。《左传》见惯了生死,叙述得很平淡:"(晋国)败秦师于崤";《史记·秦本纪》则喜欢说细节,描绘得更具体:"(晋国)大破秦军,无一人得脱者。"唯独《公羊传》谈起"崤之战"文采斐然:"(秦军)匹马只轮无返者。"连一匹马都没有跑出去,一只车轮都没有滚出来。

原文注译

冬,晋文公①卒。庚辰,将殡②于曲沃③。出绛④,柩⑤有声如牛。卜偃⑥使大夫拜,曰:"君命大事⑦:将有西师⑧过轶⑨我,击之,必大捷焉。"

冬,晋文公去世。庚辰日,准备把棺材送至曲沃停放。刚离开绛城,棺材里有声音像牛叫声。卜偃让大夫跪拜,说:"国君发布军事命令:将有西边的军队过境而袭击我国,攻击他们,必定大胜。"

注 释

① 晋文公(前697?~前628):春秋时期晋国国君。姬姓,名重耳。春秋五霸之一。　② 殡:停棺待葬。　③ 曲沃:晋国旧都,晋国宗庙所在地,在今山西省临汾市。　④ 绛:晋国国都,在今山西省翼城东南。　⑤ 柩(jiù):装有尸体的棺材。　⑥ 卜偃:春秋时期晋国大夫,掌管卜筮。郭姓,名偃。有学者认为,卜偃通过别的方式,提前知晓了秦国袭晋的密谋,于是借棺柩中的牛叫声来预警。该说法固然合理,然而《左传》当中颇多卜筮之辞。当时史官迷信而好谈神异之事,固不必强为解释。　⑦ 大事:指战争。　⑧ 西师:指秦军。秦在晋的西边。　⑨ 过轶:指过境、侵袭。过,经过。轶,从后方突出至前方。

杞子①自郑使②告于秦曰:"郑人使我掌③其北门之管④,若潜师⑤以⑥来,国⑦可得也。"

杞子从郑国派人告知秦国:"郑人让我掌管他们(国都)北门的钥匙,如果偷偷地发兵前来,国都是可以穆公⑧访⑨诸⑩蹇叔。

蹇叔⑪曰:"劳⑫师以袭⑬远,非所闻也。师劳力竭,远主⑭备之,无乃⑮不可乎?师之所为,郑必知之,勤⑯而无所⑰,必有悖心⑱。且行千里,其⑲谁不知?"

取得的。"秦穆公询问蹇叔。

蹇叔说:"使军队疲劳,而去袭击远地,这是我没有听说过的。(我方)军队疲劳,力量衰竭,而远方的郑国做好了防备,这恐怕不行吧!我军的行动,郑国必然知道,(士卒)辛苦劳累而没有用武之地,必然会产生背反之心。况且,行走一千里路,谁会不知道(我们的举动)呢?"

注 释

①杞子:春秋时期秦国大夫。 ②使:派遣使者。 ③掌:掌管。 ④管:钥匙。 ⑤潜师:偷偷地出兵。 ⑥以:表修饰。潜师以来,即偷偷地出兵前来。 ⑦国:国都。 ⑧穆公:即秦穆公(?~前621),春秋时期秦国国君。嬴姓,名任好。春秋五霸之一。 ⑨访:询问。 ⑩诸:兼词,之于。 ⑪蹇叔:春秋时期秦国大夫。子姓,蹇氏。 ⑫劳:使动用法。使……疲劳。 ⑬袭:袭击。按:征、伐、侵、袭、讨、攻,于古汉语中都指军事进攻,但在意义、用法和感情色彩上存在细微的差别。"征"是褒义词,常用于上攻下、有道伐无道;"伐"是中性词,多用于诸侯或平级之间的公开宣战,一般师出有名,进军时有钟鼓,因"征""伐"二字常连用,"伐"也逐渐有了褒义;"侵"含有贬义,是不宣而战,不用钟鼓,直接侵犯别国;"袭"是乘人不备而突然发起进攻;"讨"是宣布罪行后加以攻击,着重于舆论方面;"攻"是军事进攻的泛称。 ⑭远主:指郑国。 ⑮无乃:恐怕。 ⑯勤:

辛劳、劳苦。　⑰ 无所：意即郑国既知其来袭而有防备，则秦军无用武之地。所，处所。　⑱ 悖心：背反之心。　⑲ 其：表示反问的语气。

公辞^①焉^②，召孟明^③、西乞^④、白乙^⑤，使出师^⑥于东门之外。蹇叔哭之，曰："孟子^⑦！吾见师之出而不见其入也！"公使谓之曰："尔何知？中寿^⑧，尔墓之木拱^⑨矣。"

秦穆公不接受蹇叔的劝告。召见了孟明、西乞、白乙，让他们在东门外领兵出发。蹇叔哭着送他们，说："孟子，我看到军队出去而看不到他们回来了！"秦穆公派人对他说："你懂什么？如果你六七十岁就死了，你坟墓上的树都有两手合抱那么粗了。"

注　释

① 辞：不接受。　② 焉：代词，指代前文蹇叔的劝告。　③ 孟明：春秋时期秦国大夫。姜姓，百里氏，名视，字孟明。秦国元老百里奚之子。　④ 西乞：春秋时期秦国大夫。名术。西乞或为其字，或为其氏。　⑤ 白乙：春秋时期秦国大夫。名丙。白乙或为其字，或为其氏。　⑥ 出师：领兵出发。　⑦ 孟子：指孟明。　⑧ 中寿：六十岁以上，八十岁以下。　⑨ 拱：两手合抱。

蹇叔之子与①师，哭而送之，曰："晋人御②师必于殽③。殽有二陵④焉⑤。其南陵，夏后皋⑥之墓也；其北陵，文王⑦之所辟⑧风雨也。必死是⑨间，余收尔骨焉⑩！"秦师遂东⑪。

蹇叔的儿子参加了出征的军队，（蹇叔）哭着送他，说："晋人必定在殽抵御秦师，殽有两座大山在那里。它的南方山陵，是夏朝君主皋的坟墓；它的北方山陵，是周文王躲避风雨的地方。（你）必定死在两座山陵之间，我去那里收你的骸骨吧！"秦军就向东出发。

注　释

① 与（yù）：参与。　② 御：抵御。　③ 殽（xiáo）：亦作崤，山名，在今河南省洛宁县西北。④ 陵：大山。　⑤ 焉：兼词，于此。　⑥ 夏后皋（gāo）：夏朝君主皋。后，对夏朝君主的称呼，如后世的"王"。皋，夏桀祖父。　⑦ 文王：指周文王。周朝奠基者。姬姓，名昌，谥号为"文"。　⑧ 辟：同"避"，躲避。　⑨ 是：代词，指代两座山陵。　⑩ 焉：兼词，于此。　⑪ 东：向东出发。

文史常识

⊙古人的"名"与"字"有什么不一样？

古人有"名"亦有"字"。"名"和"字"来历不同，使用场合也不一样。旧说婴儿生下来三个月，便由父亲命名，待到成年时再行取字。周代贵族男子年满二十算成年，由父亲在宗庙里主持冠礼，头发盘稳，并戴上冠，从此就可以娶妻。贵族女子节奏稍快，十五岁便可视为成年，许嫁，结发行笄礼，笄就是发簪。

"名"和"字"在意思上会有联系，如赵云字子龙，《易经》里面讲"云从龙"；有的意思干脆相同，如诸葛亮字孔明，"亮"即为"明"；还有的意思完全相反，如朱熹字元晦，熹是明亮，晦是昏暗。

与此同时，"名"和"字"一般有不同的分工，各自应用在特定的场合。当上对下，尊对卑，父祖叫晚辈，官老爷召唤草民的时候，就可以直呼其名。而人若自称，往往也称名，以示谦虚。我们读《出师表》，会发现诸葛亮提笔就写"臣亮言"，而不是"臣孔明言"。读《醉翁亭记》，会看到欧阳修最后收束："太守谓谁？庐陵欧阳修也。"而不是"庐陵欧阳永叔也"。但是，面对平辈、尊长或者前人，则一定回避称名，只能称字，以表达基本的礼貌和恭敬。就像苏轼《前赤壁赋》记述："月明星稀，乌鹊南飞，此非曹孟德之诗乎？"便不书"曹操"。

春秋时期，男子取字最常见的模板，就是"子+×"，因为"子"是男子的美称。例如，孔门弟子们：颜回字子渊，冉求字子有，端木赐字子贡，仲由字子路。这个"子"字可以省略，因此我们会看到"颜渊""冉有"这样的称呼。

文言语法

⊙ 名词活用作动词

在现代汉语中，名词词性相对"稳定"，用法比较"规范"。譬如，名词一般不受副词修饰，其后不跟补语，更不会直接带出宾语。因为这些都是动词的"特权"。然而，在古代汉语中，名词的词性就比较"活泼",使用起来似乎少有顾忌。譬如,《蹇叔哭师》有"秦师遂东"云云,其中的"东"字,便不是"东方",要翻译成"向东出发"。这样的案例,就属于"名词活用作动词"。

文言文中的"名词活用作动词",大致发生在如下七种场景。

第一,两个名词连用。 如果它们既不是并列结构,也不是偏正结构,那么只能是主谓关系或者动宾关系。

1. **主谓关系:**

乃丹书帛曰:陈胜王。(《陈涉世家》)

其中"陈胜"与"王"既不是"陈胜和王",也不是"陈胜的王",需要理解为"陈胜称王","王"由名词活用为动词。

2. **动宾关系:**

遂王天下。(《韩非子·五蠹》)

其中"王"与"天下"既不是"王和天下",也不是"王的天下",需要理解为"统治天下","王"也由名词活用为动词。

第二,名词置于"所"字之后,构成所字结构。 此时的名词活用为动词。"所"字是一个辅助性代词,经常放在动词的前面,指代某种动作的对象。我们今天还说"所见",即指"见到的东西"。

置人所罾鱼腹中。(《陈涉世家》)

句中的"罾",本来指一种渔网,是名词。而"所罾"则指"用渔网捕获的东西",于是"罾"需要理解为"用渔网捕获",便活用为动词。

第三,名词置于"能""可""足""欲"等能愿动词之后,活用为动词。 能愿动词通常只修饰动词。

①假舟楫者,非能水也,而绝江河。(《荀子·劝学》)

句中的"水",本来是名词,但放在"能"字后面理解为"游水"。

②左右欲刃相如。(《史记·廉颇蔺相如列传》)

句中的"刃",当然是名词,但放在"欲"字后面应理解为"杀"。

第四,名词置于副词之后,活用为动词。

①秦师遂东。(《蹇叔哭师》)

"遂"为副词,而"东"应理解为"向东出发"。

②不足生于不农。(晁错《论贵粟疏》)

其中"不"为副词,而"农"应理解为"务农"。

第五,名词置于"之""其""我"等代词之前,活用为动词。

①驴不胜怒,蹄之。(柳宗元《黔之驴》)

此处"之"字指代老虎,所谓"蹄之",即是说"用蹄踢老虎"。

②尔欲吴王我乎。(《左传·定公十年》)

句中"吴王"是名词,用在代词"我"前面,活用作动词,而全句理解为"你想使我做吴王吗"。这种活用常常是使动用法或意动用法。

第六,名词后面跟介词结构作补语,活用为动词。

①卫鞅复见孝公,公与语,不自知膝之前于席也。(《史记·商君列传》)

方位名词"前",后跟介词结构"于席",意思是"挪到席的前边去"。

②唐浮图慧褒始舍于其址。(王安石《游褒禅山记》)

名词"舍",后跟介词结构"于其址",意思是"在山脚下筑室居住"。

第七,名词用"而"字连接时,活用为动词。"而"是古文中最常见的连词,用来连接动词或动词短语,也可以连接形容词,但不能用来连接名词。因此,如果名字和"而"字靠在一起,往往活用为动词。

①衣冠而见之。(《战国策·冯谖客孟尝君》)

句中的"衣冠"与动词"见"并列,应理解为"穿上衣,戴好冠"。

②隆礼尊贤而王。(《荀子·天论》)

句中的"王"与动词短语"隆礼尊贤"并列,应理解为"称王"。

以上案例,是名词活用作动词发生的主要场景,但并不能概括所有的情况。我们在阅读文言文时,需要结合前后文意,灵活理解和翻译。

王孙满对楚子

选自《左传·宣公三年》

人物关系

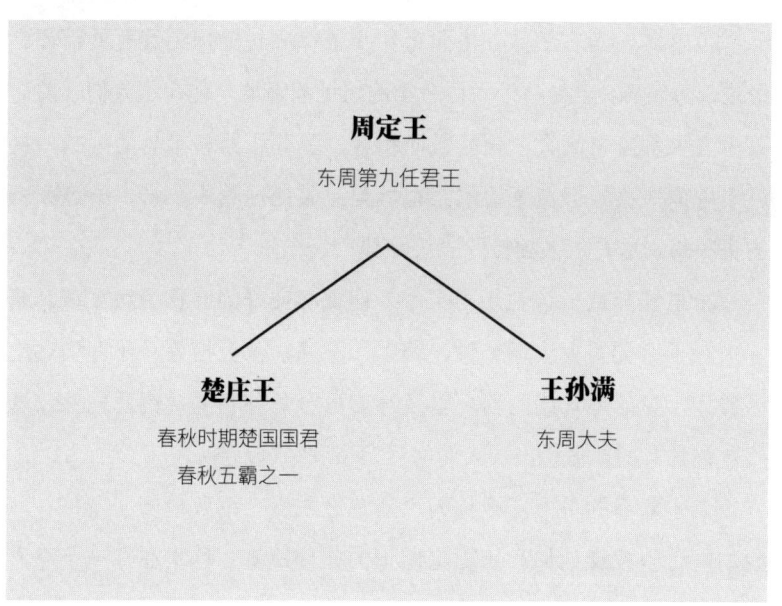

文章导读

前 770 年,周平王东迁洛邑。之后不久,大夫辛有路过王畿以南的伊川,看到有人披散着头发在野外祭祀,不禁喟然叹息:

不及百年,此其戎乎!其礼先亡矣。

周人重视礼制,尤其在意祭祀。伊川与天子之都洛邑毗邻,祭祀之礼却已然荒废。辛有伤感地预言,不到一百年,这里就将变成戎人的地盘。因为礼仪先消失了。

辛有的话很快消散在了风里。明月白露,光阴往来。云的影子在广袤的平原上奔跑,逝者如伊河中的流水,不舍昼夜。王朝和岁月不断更迭,一转眼就到了 21 世纪。

2013 年,考古学家在洛阳市伊川县徐阳村勘探到数百处墓葬。经过部分发掘,尘封两千六百余年的遗址清晰地呈现在了人们眼前。墓中人大都身材高大,骨骼长而粗壮。随葬礼器和车马的规制,接近于中原风格。但在旁边的祭祀坑里,又掩埋着牛、马、羊等家畜的头和蹄。这是戎人独特的"头蹄葬"。

2020 年年底,该地还出土了一座保存完好的春秋王级大墓,墓穴中除了有饕餮夔纹铜编钟、编磬、玉璜、玉扳指等,还有华夏地区较为罕见的单耳罐陶器,以及螺旋形金耳环和鎏金铜质挂件。这些器物都典型地体现出戎人的生活习俗和装饰品味。

上述墓葬的主人,被称为"陆浑之戎"。细致检阅《左传》,我们就可以发现他们在历史上留下的些许痕迹。这实在是一个令人悲伤的故事。

陆浑之戎原本居住在遥远的瓜州,相传即美丽的敦煌。后来秦穆公开疆拓土,圈占了他们的老家,但又消化不完当地的人口,就把他们当作包袱甩给了晋国。晋国才不想要这些累赘,转手将戎人们安置在王畿南边的伊川,时值前 638 年秋。——周大夫辛有一语成谶,伊川变成了戎地。而此时的周王室,说话早就不好使了,只是在形式上表达了一下愤慨,随后就默默地接受了现实。

陆浑之戎来到伊水之滨,努力生活了三十二载,渐渐融入了当地的环境。但年轻的楚庄王猛然抬头，注意到了这些奇怪的身影，于是借着好机会挥师北向。

《王孙满对楚子》记载：

> 楚子伐陆浑之戎，遂至于雒，观兵于周疆。

楚庄王攻打陆浑之戎，饮马雒河，陈兵示威于周王室境内。

楚庄王的典故

我们提起"春秋五霸"的时候，有两个最著名的版本。版本之一出自《荀子·王霸》：齐桓公、晋文公、楚庄王、吴王阖闾、越王勾践。然而，吴与越毕竟地处东南一隅，太过僻远，崛起时也已到了春秋末期。阖闾和勾践虽然都曾纵横江淮，威震北方，可惜势头不过是昙花一现。

版本之二出自唐代司马贞的《史记索隐》：齐桓公、晋文公、秦穆公、宋襄公、楚庄王。但是，秦国发迹于西陲，终穆公一生都被东方的晋国隐隐压制。至于宋国，其实力始终配不上襄公的宏伟愿景。因此，吴、越、秦、宋多少存在着一些争议。

于是乎，能够在各种霸主榜单上持续霸屏的，就只剩下了齐桓公、晋文公和楚庄王。三人当中，楚庄王辈分最低，他是楚成王的孙子。在继位前也"履历"平平，没有前辈们流亡异国、辗转返乡的坎坷经历，年纪尚轻就顺利当上了国君——《国语》称其"方弱"，即不足二十岁。但是，在春秋中叶，楚庄王作为后起之秀，掀起了一场青春风暴。纵览春秋五大战役，晋国唯一输掉的那一回，就是楚庄王发动的"邲之战"。不仅如此,他还以一己之力贡献了多个历史典故,散见于各式各样的古籍中。

"不鸣则已,一鸣惊人"的故事,大家一定不会觉得陌生。其原始版权就攥在楚庄王手里。《史记·楚世家》记载,庄王即位三年,完全不理朝政,日夜宴饮为乐。他甚至在国中颁布命令:"有敢进谏的人,杀无赦!"按照宫廷故事的套路,恐吓之下,必有忠臣。大夫伍举进到宫内,要提意见。紧接着,司马迁就为历代的荒淫君主提供了一个参考样本:楚庄王左手抱一名郑姬,右手搂一位越女,身坐乐人优伶之间。

伍举说:"我想让您猜个谜语。"然后,不管庄王想不想,他直接出了谜面,"有只鸟停落在土山上,三年了,不蜚(飞)不鸣,这是只什么鸟?"二十郎当岁的楚庄王脱口而出:"三年不蜚,蜚将冲天;三年不鸣,鸣将惊人。你退下吧,我明白你的意思了。"——几个月后,庄王玩儿得更加出格了。

大夫苏从实在忍受不了,也入宫进谏。楚庄王说:"你没听到我的命令吗?"苏从耿直地回答:"杀了我而能使您成为明君,正是我的愿望。"既然话说到这个份儿上,庄王再也不装了,起身撤去淫乐,着手亲理国事。重用伍举、苏从,拔擢有功的臣子,诛杀了数百名奸佞,锋芒毕露。国中之人尽皆大悦。

"一鸣惊人"的故事前后反差十足,极富戏剧色彩,故早在《楚世家》之前,《韩非子·喻老》《吕氏春秋·重言》等典籍就竞相揄扬,只不过不如司马迁讲得精彩罢了。《史记·滑稽列传》干脆把同样的情节安放在了战国时期齐威王和近臣淳于髡的身上,让他俩把历史重现了一遍。

当然,楚庄王在《滑稽列传》里面也有戏份,演绎过一出"庄王葬马"。《史记·滑稽列传》讲述,楚庄王有一匹爱马,享受超高规格的待遇:穿着刺满锦绣的衣服,住着富丽堂皇的屋子,睡着铺设竹席的凉床,吃着蜜枣制成的果脯。久而久之,爱马得了肥胖症,胖死了。

楚庄王伤痛不已,组织群臣为马治丧,想要用安葬大夫的礼节埋葬马。左右臣子都震惊了,纷纷劝阻。庄王于是颁布命令:"有敢拿葬马的事儿来进谏的,杀无赦!"按照宫廷故事的套路,恐吓之下,必有忠臣……伶人优孟听说这件事情,直接跑进大殿,仰天痛哭。楚庄王也震惊了,赶紧问他缘故。优孟说:"死去的是王的爱马,堂堂楚国,地大物博,什么东西求不得?如今只以大夫的礼节来安葬它,太薄待了,请用安葬人君的礼仪来安葬它!"

楚庄王哭笑不得,多嘴问了一句:"怎么个葬法?"优孟一脸认真地回答:"我请求用雕花的美玉做棺,用斑纹的梓木做椁,用楩、枫、豫、樟等名贵木材做椁盖,派遣士卒为它挖掘墓穴,令老人和儿童背土筑坟,让诸侯的使臣陪祭、护卫,并建立祠庙,用'太牢'祭祀,再划出万户封邑来供奉它。天下人听说这件事,就都知道大王爱马了。"庄王想想还是算了,最后把马交给了宫里管伙食的官员。

楚庄王听优孟打机锋的逸闻,或许稍微小众了一些,流传的圈子不广。但"绝缨之宴"的知名度,应该可以与"一鸣惊人"相媲美。

西汉刘向的《说苑·复恩》叙说,那一日,楚庄王大宴群臣,美酒佳肴当前,轻歌曼舞于侧,众人觥筹交错,一直喝到了天黑。忽然,一阵风进来,吹灭了筵席上的灯烛,屋子瞬间一片昏暗。有一名将领估计喝上头了,手脚开始不规矩,居然趁乱摸黑攀扯楚庄王美人的衣服。

美人大发脾气,反手就拽断了那人冠上的缨索,并告知楚庄王自己受到侵犯，催促他重燃烛火，以便尽快揪出刚才的无礼之徒。——黑暗中想必有人瑟瑟发抖。不料庄王听完美人的小报告，丝毫不以为意，先令在场的所有官员都把冠缨除掉，再徐徐点亮灯火。当天夜里，君臣继续畅饮，把欢乐的气氛推向了高潮。

三年后，楚庄王统御大军与晋人在疆场上厮杀。战况最激烈时，有一位楚将奋勇当前，冲锋陷阵，舍生忘死，带头击退了敌军。等到大获全胜后，庄王上前询问他，为何如此拼命。将领详细禀复了前因后果，原来他正是那个被扯断冠缨的"无礼之徒"，此刻想要还报楚庄王当日的恩义。

围绕楚庄王产生的典故还有许多，我们不必一一罗列。上述故事未见得都是历史真实，尤其是那些丰富的细节肯定都经过后人的渲染，在一代一代的传诵中，逐渐踵事增华。但是，透过这些虚虚实实的文字，楚庄王的人物形象变得清晰起来。

显而易见，楚庄王不同于齐桓公的沉稳大气，也不同于晋文公的老练诡谲。他容易冲动，也比较任性，有时候做事未免轻浮，但好在能听进去别人的意见。更重要的是，下面的人不论高低贵贱，都愿意跟他讲话，他也有本事聚拢贤才，君臣关系和睦，似乎还比较亲近。从某种意义上讲，楚庄王是一名鲜衣怒马的社交牛人。

前606年，碾压完陆浑之戎的楚庄王，又要开始创造新的典故了——楚子问鼎：

> 定王使王孙满劳楚子。
> 楚子问鼎之大小轻重焉。

周定王见楚国战车久久盘桓在王畿附近,于是派大夫王孙满慰劳楚君,主要想了解一下情况,最好能把他劝返。楚庄王不怀好意地询问起九鼎的轻重和大小。众所周知,九鼎是夏、商、周三代的传国之宝,象征着至高无上的权力。庄王显然动了歪脑筋,还偏偏不怕王室大夫知道。王孙满慎重地理了理措辞。

王孙满的历史大讲堂

这是王孙满在《左传》中的第二回露脸,而上一次"出镜"还要回溯到二十一年前的秦、晋"殽之战"。

一般来讲,春秋时代的战争,规模相对有限。交战双方都是贵族出身,进程充满仪式感。将士知礼节,懂分寸。跟血雨腥风的战国不同,很少出现"争地以战,杀人盈野;争城以战,杀人盈城"的惨烈景象。但是,"殽之战"时,晋人竟似杀红了眼,竟然让秦人"匹马只轮无返"。

对于这场彼时罕见的"歼灭战",《左传》一开始就对其进行了浓墨重彩的铺陈,特别是借由不同人之口,从诸多角度提前宣判了战争的胜负。先让晋国大夫卜偃凭借棺材中的一声牛叫,预言晋师必获大捷,多少体现了"天意";接着安排秦国大夫蹇叔仔细琢磨了具体的"地势",推断秦军会葬送在殽山一带;最后请出周王室后裔王孙满。他认真观察了过境的"秦人",指出他们一定会败北:

> 秦师过周北门,左右免胄而下,超乘者三百乘。王孙满尚幼,观之,言于王曰:"秦师轻而无礼,必败。轻则寡谋,无礼则脱。入险而脱,又不能谋,能无败乎?"

那年秦国大军千里奔袭,途经东周都城北门。按照传统规矩,戎车上的甲士们需要"免胄而下",即除了中间的御者继续稳坐控缰之外,左边的弓箭手和右边的执戈人都得脱去头盔,下车步行,以表示对天子的恭敬。

然而,在整个过程中,有三百辆戎车上的甲士都秀了一回"超乘"的才艺。"超乘"并不是"超载",它特指一个颇有技术含量的动作:人刚跳下车,脚一沾地,又飞跃而上。大家对周王室的礼貌,犹如蜻蜓点水,意思意思而已。

当时王孙满年纪尚幼,见到眼前的情形,退下来跟天子吐槽:"秦国军队轻佻而无礼,一定会失败。"王孙满不仅在情感上不喜欢这帮人,还要从逻辑上把道理讲通透了:"轻佻就缺少计谋,无礼就满不在乎。进入险地而浑不在意,又不能筹谋计议,能够不打败仗吗?"

王孙满虽然还是个小朋友,但已具备了深刻的洞察力。书里头的时间走得飞快,几页纸一翻,二十一年弹指一挥间。如今站在中年王孙满面前的,是意气风发的楚庄王。既然楚子来问鼎,王孙满遂果断回复:

在德,不在鼎。

很多版本的《左传》或者《古文观止》,都把这五个字合一块儿念:"在德不在鼎。"但其实最好把它们断开:"在德,不在鼎。"二字句加三字句,方能体现出语气的顿挫,展现出十足的气魄,读起来隐然有千钧之力。

从字面上看,楚庄王想打听鼎,而王孙满却强调德,貌似答非所问。但透过现象看本质,两个聪明人的潜台词都在讲如何才能够君临天下。楚庄王觉得,既然九鼎赋予了周天子统治的合法性,那么搬走它们,楚便有机会取周而代之;王孙满则坦言,你全搬走也没用,因为统治的兴衰在于君主的德政,而不在于九鼎。

一眼洞悉庄王小心思的王孙满,随即铺开了他的历史大讲堂:

> 昔夏之方有德也,远方图物,贡金九牧,铸鼎象物,百物而为之备,使民知神、奸。故民入川泽、山林,不逢不若。螭魅罔两,莫能逢之。用能协于上下,以承天休。

王孙满先给楚庄王科普了九鼎的来历和功用。他说,从前夏朝正有德行的时候,把远方的事物都绘成了图画,再让九州的长官们"贡金",铸造出了九鼎。

所谓"贡金",我们千万不要理解为进贡黄金,以当时的社会生产力来推测,至多也就是进贡青铜。而"青铜"这个名字很有迷惑性。顾名思义,在不少人的印象里,青铜是青绿色的。君不见各个博物馆收藏的商、周青铜器,就都佐证了大家的判断。可这样一来,我们似乎能脑补出十分诡异的场景:在商代和西周的宫殿里,陈列了一堆绿油油的器皿,仿佛君王们都有很特殊的审美癖好⋯⋯实际上,青铜是铜、锡、铅等金属的合金,铸成时呈金色,熠熠生辉。由于经过了数千年的氧化与锈蚀,才变成了如今博物馆里的模样。

在制作九鼎的同时,匠人们也在鼎上铸出了画好的各类物象。一切事物都浮现在鼎的表面上后,围观民众就可以分辨出神物和恶物了。

抛开神秘兮兮的外衣,原来九鼎不过是一份青铜版本的《百科全书》。在九鼎的指引下，大伙儿进入川泽、山林，都能提前做好防护，不会遇到"不干净的东西"。各种妖魔鬼怪，也由于百姓有了警惕，纷纷潜身遁形。因而夏朝上下和谐，君臣一起承受着上天的庇佑。

紧接着，王孙满给楚庄王描述了九鼎的迁移过程：

桀有昏德，鼎迁于商，载祀六百。商纣暴虐，鼎迁于周。德之休明，虽小，重也；其奸回昏乱，虽大，轻也。天祚明德，有所厎止。成王定鼎于郏鄏，卜世三十，卜年七百，天所命也。周德虽衰，天命未改。鼎之轻重，未可问也。

夏朝末代君主桀，昏乱无德，导致家国倾覆。待商汤立国后，九鼎就迁去了商，历经六百年左右。商朝末代君主纣，暴虐无道，导致社稷不存。待周武王立国后，九鼎就迁去了周。武王之子成王曾经占卜过，九鼎可以在周朝传承三十代，合计七百年时间，这是上天的安排。

刨去那些宿命论和神秘主义色彩，王孙满其实承认，九鼎已经数易其手，周朝也不会永远持有。但他用充分的论据，力证了一个扎实的论点：即使拥有九鼎，也不等于坐享天下；但能征服天下，自然就赢得了九鼎。

一堂简明扼要的历史课，上到这里就可以收束了。或许是受到楚庄王"社牛"人格的感召，打开话匣子的王孙满忍不住多说了一些："德行美善光明，（鼎）虽然小，也是重的。德行奸邪昏乱，（鼎）虽然大，也是轻的。"仔细想想，这番话完全超额完成了周天子交给他的任务：了解情况，劝退楚师。王孙满简直是在教楚庄王怎做人，如何为君了。倘若治国彰明德行，何患无鼎呢？鼎的轻重，且别问了。

在"楚子问鼎"的典故中，楚庄王一如既往，保持了能听进去别人意见的优点。他接受完王孙满的规劝，回身撤军，从容南返。未来十余年，都将会是他的时代。

至于九鼎，真的就越来越不重要了。有人说，战国末期，秦国如日中天，昭襄王五十二年（前255），秦军攻灭东周以后，将九鼎从洛邑迁回了都城咸阳；也有人说，九鼎随着周朝的衰败，早就沦没不见了，秦军连鼎的影子都没摸着。前者见于《史记·秦本纪》，后者源出《史记·封禅书》。事实真相，可能司马迁自己都没么在意。

原文注译

楚子①伐陆浑之戎②，遂③至于雒④，观兵⑤于周疆⑥。定王⑦使王孙满⑧劳⑨楚子。

楚庄王攻打陆浑之戎，于是来到雒水边，在周王室境内陈兵示威。周定王派遣王孙满慰劳楚王。

注　释

① 楚子：即楚庄王（？~前591），春秋时期楚国国君。芈姓，熊氏，名旅。春秋五霸之一。　② 陆浑之戎：戎之一支，原居秦、晋西北，后迁至今河南省伊河流域。　③ 遂：于是，就。　④ 雒：即洛水，源出陕西，经河南入黄河。　⑤ 观兵：陈兵示威。　⑥ 周疆：周王室境内。　⑦ 定王：即周定王（？~前586），东周第九任君王。姬姓，名瑜。《齐桓公下拜受胙》中的周襄王之孙。　⑧ 王孙满：东周大夫。　⑨ 劳：慰劳。

楚子问鼎①之大小、轻重焉。对曰:"在德,不在鼎②。昔夏之方③有德也,远方图物④,贡金九牧⑤,铸鼎象物⑥,百物⑦而为之备⑧,使民知神、奸⑨。故民入川泽、山林,不逢不若⑩。螭魅⑪罔两⑫,莫能逢之。用⑬能协⑭于上下,以承天休⑮。桀有昏德⑯,鼎迁于商,载祀⑰六百。商纣⑱暴虐,鼎迁于周。德之休明⑲,虽小,重也;其奸回昏乱⑳,虽大,轻也。天祚㉑明德㉒,有所底止㉓。成王㉔定鼎㉕于郏鄏㉖,卜㉗世㉘三十,卜年㉙七百,天所命也。周德虽衰,天命未改。鼎之轻重,未可问也。"

楚王询问九鼎的大小、轻重。王孙满回答道:"(王朝的兴衰)在于君主的德政,而不在于鼎。从前夏朝正有德行的时候,把远方的物产绘成图画,让九州的长官进贡青铜,造出九鼎,并在鼎上铸出绘好的物象,一切事物都具备在鼎上,使百姓认识了神物和恶物。因此百姓进入川泽、山林(有了提防),不会遇到不利于自己的东西。各种妖魔鬼怪,(百姓有了提防)都不会遇到。因而能够使上下和谐,来承受上天的庇佑。夏桀昏乱无德,九鼎迁到了商朝,历六百年。商纣暴虐无道,九鼎又迁到了周朝。德行美善光明,(鼎)虽然小,也是重的;德行奸邪昏乱,(鼎)虽然大,也是轻的。上天赐福给拥有美德的人,是有一定期限的。成王在郏鄏安放九鼎(兴建王都)时,曾占卜过,可以传三十代,历七百年,这是上天的命令。周朝的德行虽然衰减,天命并没有改变。鼎的轻重,是不可以被询问的。"

注 释

① 鼎：即九鼎，相传为大禹所铸，乃夏、商、周三代传国之宝。楚王问鼎，意在取周王室而代之。　② 在德，不在鼎：意即王朝兴衰在于君主的德政，而不在于鼎的大小、轻重。　③ 方：正在。　④ 远方图物：图画远方各种物象。图，画。　⑤ 贡金九牧：让九州的长官进贡青铜。牧，相传夏分天下为九州，州长为牧。金，青铜。　⑥ 象物：在鼎上描摹（即铸造）出各种物象。象，描摹、模拟。　⑦ 百物：指万事万物。　⑧ 备：具备。　⑨ 神、奸：神灵与怪恶之物。　⑩ 不若：不顺，指不利于自己的东西。　⑪ 螭魅（chī mèi）：即魑魅，传说中山林里能害人的妖怪。　⑫ 罔两（wǎng liǎng）：即魍魉，传说中河川里的精怪。　⑬ 用：因而。　⑭ 协：和谐。　⑮ 休：赐福，庇佑。　⑯ 桀有昏德：夏桀昏乱无德。桀，夏朝末代君主。姒姓，名履癸。昏德，昏乱的行为。　⑰ 载祀：即"年"。古人或称"载"，或称"祀"，或称"年"，或称"岁"，意思相同。　⑱ 商纣：商朝末代君主。子姓，名辛，一名受。　⑲ 休明：美善光明。休，美。明，光明。　⑳ 奸回：奸恶邪僻。　㉑ 祚（zuò）：赐福，保佑。　㉒ 明德：美德，这里指具备美德的人。　㉓ 止：限度。　㉔ 成王：指周成王（？～前1021），西周第二任君王。姬姓，名诵。　㉕ 定鼎：九鼎为传国重器，王都所在，即鼎之所在。因而称建都为定鼎。　㉖ 郏鄏（jiá rǔ）：周之王城，在今河南省洛阳市。　㉗ 卜：占卜。用火灼烧龟甲、兽骨，根据灼开的裂纹来预测未来吉凶。　㉘ 世：父子相继为一世。　㉙ 卜年：占卜所得的年数。

文史常识

⊙ 春秋时期有哪些"蛮夷戎狄"?

西周至春秋时期,中原人氏一般自称"诸夏"或"诸华"——"华夏"之名便由此而来,而将文化相对落后的,居住在未开化区域内的氏族视为"蛮夷戎狄"。古人对"蛮夷戎狄"进行过具体的地域分配,遂产生了"东夷、西戎、南蛮、北狄"的说法。但这种说法并不完全准确。实际上,"蛮""夷""狄"是"诸夏"对文化落后的族群的蔑称,而"戎"也有入侵、进犯的含义。因此,"蛮夷戎狄"在具体使用的时候会比较灵活。

东方的"夷族"主要生活在今天的山东省境内和淮水流域。山东半岛上的夷族与"诸夏"接触较早,发展水平较高,先后建立了一系列小国,如莱、任、颛臾、莒、介、根牟、阳等。其中,大部分在春秋时期慢慢融入了齐国和鲁国。淮水一带的夷族主要有淮夷、舒夷和徐夷(亦称"徐戎")。春秋后期,淮夷先后归附楚国与越国,舒夷成为楚国的附庸,徐夷被吴国吞灭。

西方的"戎族"族群十分驳杂,有的起源自原始农业部落,却逐渐发展成游牧部落,显示了历史进程的多样性;有的与炎帝、黄帝有渊源,却慢慢演化为戎夷——春秋时期,尚有姜姓之戎、姬姓之戎。西方戎族大都与秦国贴近,伴随着秦的崛起,他们或者归附,或者为其所灭。西戎中最大的两支是姜戎和义渠,义渠在战国时并入秦国,姜戎则绵延至后世。此外,中原还有骊戎、陆浑之戎等。

南方的"蛮族"其实包括了楚国、吴国、越国等。吴国与越国主要由越族构成,这一族群遍及今天的浙江、江西、福建、广东、广西、海南等区域,在战国、秦汉时还有"百越"之称。他们断发文身、多吃水产、方言冷僻、重剑轻死。春秋时期,楚国是标准的"荆蛮"。楚国的服饰形制特殊,有浓郁的地域风情,常被叫作"南冠""楚服",在长江以南引领潮流。楚国的官制与其他国家有别,职官如令尹、莫敖、连尹、左徒等,只此一邦独有。楚国人操南音,歌楚歌,方言难懂——中原人叫"老虎",楚国人说"於菟";中原人用"牛"犁地,楚国人用"兕象";中原人见到一只"螳螂",楚国人见到的是一只"拒斧";中原人给孩子"哺乳",楚国人就"穀"……在黄河中下游,人们搞搞民歌创作,于是有了"关关雎鸠,在河之洲。窈窕淑女,君子好逑"一类的诗篇;长江一带的楚人也写情诗,最后就写成了"若有人兮山之阿,被薜荔兮带女萝。既含睇兮又宜笑,子慕予兮善窈窕"的样子(可参见本书《齐桓公伐楚盟屈完》一节)。

北方的狄族包括白狄、赤狄、长狄等,与中原诸国走得比较近。白狄在今天的河北境内先后建立过肥、鼓、鲜虞等小国,其中肥、鼓被晋国吞灭,而鲜虞改名为中山国,存国至战国时代,一度相当强盛。赤狄在今天的山西省、河南省境内衍化出潞氏、甲氏、留吁、铎辰、廧咎如诸部。赤狄与晋国时有联姻,晋献公便娶狄女,生公子重耳和夷吾;重耳流亡时,亦娶狄女季隗(可参见本书《烛之武退秦师》一节)。赤狄诸部最终基本融入了晋国。长狄出没于今山西省长治市与山东省边境一带。春秋前中期,长狄多次劫掠齐、鲁、宋、卫等国,后来不见诸史籍记载,便消逝在历史长河中。

"诸夏"与上述"蛮夷戎狄"长期接触、混居、融合,最终形成了早期的华夏民族。

文言语法

⊙ 被动句

现代汉语中的被动句,有非常明显的标识——"被"字。譬如,"这本书被我看完了""桌上的饭菜被我吃光了"之类。然而,古代汉语中的被动句,情况相对就比较复杂了。在本篇《王孙满对楚子》的结尾,有"鼎之轻重,未可问也"一语,其实就带有被动色彩,应该理解为"鼎的轻重,是不可以被询问的"。然而,句中却没有明显的被动标识,其被动含义只能结合文章内容去理解。

文言文的被动句,大概有如下几种类型。

第一,没有标识的被动句。这类句子在文言文中广泛存在。

①蔓草犹不可除,况君之宠弟乎?(《左传·郑伯克段于鄢》)

翻译为:蔓延的野草尚且不能被除掉,何况您受宠的弟弟呢?

②锲而不舍,金石可镂。(《荀子·劝学》)

翻译为:不停地刻下去,即使是金石也能被雕刻成功。

第二,以"于"字作为标识的被动句。

①然而兵破于陈涉,地夺于刘氏者,何也?(《汉书·贾山列传》)

翻译为:然而,军队被陈涉打败,土地被刘氏掠夺,为什么?

②妻与子,皆养于我者也。(韩愈《圬者王承福传》)

翻译为:妻子和儿女都被我养活。

值得注意的是,"于"字在古文中,有时容易被省略掉,所以在一些场合,句意到底是主动还是被动,需要细致区分。就像《国语·周语上》记载:"今三川实震,是阳失其所而镇阴也。"如果逐字逐词翻译,很容易产生误会:"如今三条河确实地震了,这是阳气失去了它的位置而镇住了阴气。"但实际上,结合上下文可知,文章在表达阴盛阳衰的意思。因此,该句需要理解为"今三川实震,是阳失其所而镇'于'阴也",即"如今三条河确实地震了,这是阳气失去了它的位置而被阴气镇住了"。

第三,以"为"字作为标识的被动句。

身为宋国笑。(《韩非子·五蠹》)

翻译为:自己被宋国人耻笑。

基于上述句型"被动者+为+主动者+动词",可以有三种细微的变化,即"身为宋国笑"也能表达成①"身为宋国所笑",甚至省略成③"身为笑"或省略成②"身为所笑"。

例①参见《三国志·蜀书·诸葛亮传》:"亮与徐庶并从,为曹公所追破。"用最完整的"被动者+为+主动者+所+动词"结构,将行为的"被动者"和"主动者"同时阐明。

例②参见《史记·项羽本纪》:"若属皆且为所虏。"用较简化的"被动者+为所+动词"结构,只阐明行为的"被动者","主动者"由于上下文可见,故省略。

例③参见《战国策·燕策三》:"父母宗族,皆为戮没。"用最简单的"被动者+为+动词"结构,只阐明行为的"被动者"。

第四,以"见"字作为标识的被动句。

厚者为戮,薄者见疑。(《韩非子·说难》)

翻译为:重的被杀戮,轻的被怀疑。

在上述句型"被动者+见+动词"基础之上,可以添加一个"于"字引出"主动者",即形成"被动者+见+动词+于+主动者"结构。例如,《庄子·秋水》云:"吾长见笑于大方之家。"

该结构实际上等效于第三点中的"被动者+为+主动者+所+动词"。这句话也可以表达为"吾长为大方之家所笑"。

第五，以"被"字作为标识的被动句。

"被"字作为今天最常见的被动句标识，大致起源于战国末期，但使用频率远不如上面的几种类型。古文当中的"被"字，可以理解为"遭受""蒙受"等。

国一日被攻，虽欲事秦，不可得也。（《战国策·齐策一》）

翻译为：国家一旦在某天遭受进攻，即使再想侍奉秦国，也不能够实现。

吕相绝秦

选自《左传·成公十三年》

人物关系

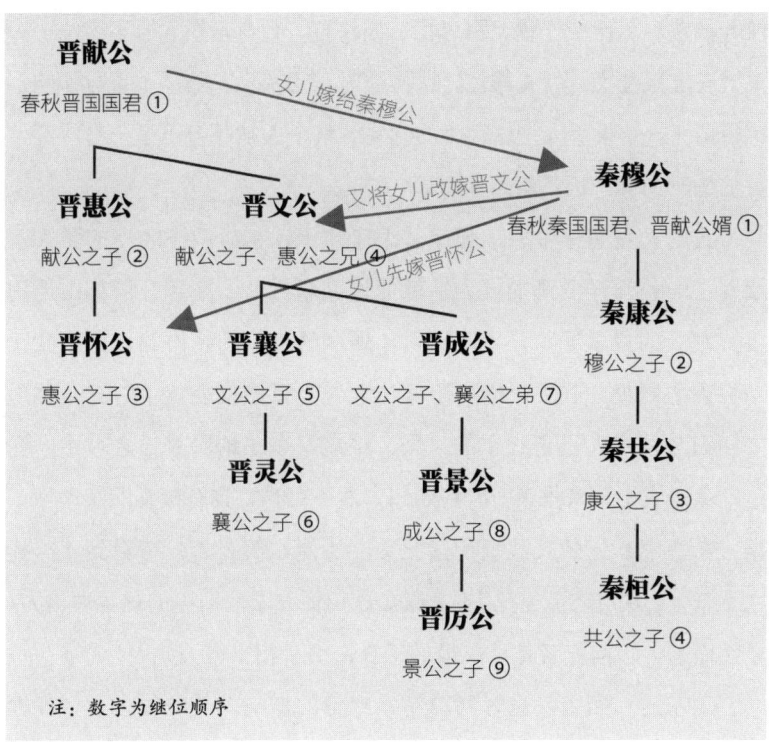

文章导读

在古代,檄文是一种非常有意思的文体。当两国关系急遽恶化,又或者两军对垒行将厮杀时,甲方间或会为乙方精心撰写一篇声讨文章。这种文章往往具有强烈的攻击性和战斗精神，散发着满满的恶意。

历史上曾经诞生了不少经典檄文。如果大家熟悉《三国演义》，应该会记得官渡之战前夕，袁绍的专业笔杆子陈琳便发布了《为袁绍檄豫州》来辱骂曹操。文章从曹操卑污的出身开始骂起，骂到他肮脏的心术、龌龊的人品，再一路骂到他如何挟天子以令诸侯，如何专横跋扈、作威作福、戮忠良、掘坟墓、数典忘祖、罪不容诛……关键还文采斐然，气魄雄浑。曹操彼时正患头风，脑瓜子嗡嗡作响，疼得厉害。结果听人把这篇檄文念完，整个人被吓得出了一身冷汗，头脑顿时清明，活活给骂康复了。

武则天登基称帝后，强夺了大唐江山，初唐四杰之一的骆宾王就写了一篇洋洋洒洒的《为徐敬业讨武曌檄》。文章开门见山地历数武则天的累累罪状，事昭理辨，犀利透彻，酣畅淋漓，直指武氏乃亡国之祸根。其中"蛾眉不肯让人""狐媚偏能惑主"充分体现了知识分子骂人不带脏字的风采。结尾又以"请看今日之域中，竟是谁家之天下"来收束，气势磅礴，沛不可当，具有极强的煽动性。据《新唐书》记载，武皇初读此文，还能嬉笑自若。待看到"一抔之土未干，六尺之孤何托"时，深知这句话对李唐旧臣的视觉冲击力，矍然而起，惊问作者是谁，最后感叹："宰相安得失此人！"

《左传》当中，也有两篇精妙绝伦的檄文。其一收录于《齐桓公伐楚盟屈完》，是管仲对楚成王使者的慷慨陈词，我们已经读毕。其二便是本篇《吕相绝秦》。如果说管仲诘难楚国，仅仅是三言两语，点到为止，响鼓不用重锤；那么吕相斥责起秦国来，就有如滔滔江水，连绵不绝，一发不可收拾。

清初金圣叹曾经点评过《吕相绝秦》：

饰辞驾罪何足道，止道其文字，章法句法字法，真如千岩竞秀，万壑争流，而又其中细条细理，异样密致，读万遍不厌也。

文章的内容近于胡说八道、信口雌黄，各处细节丝毫经不起推敲。但文章的形式确实漂亮，深文曲笔，错综变幻，跌宕起伏，已开战国策士纵横捭阖之先河。说直白些，吕相骂得真爽。我们一起来欣赏欣赏。

两国·五辈·十一君

《吕相绝秦》的背景只有七个字：

晋侯使吕相绝秦。

晋侯派遣大夫吕相前去断绝和秦国的关系。直奔主题，简洁明快。随后吕相不辱使命，侃侃而谈，万语千言，犹如说贯口一般，先后提到了晋献公、秦穆公、晋文公、晋惠公、晋襄公、秦康公、晋灵公、秦桓公、晋景公、秦共公、晋厉公等，涉及两国，五辈，十一位君主。背后的人物关系，剪不断、理还乱。我们尝试用通俗易懂的方式，先梳理明白。

话说晋献公晚年，爆发了"骊姬之乱"，太子申生自戕，群公子四散逃亡。献公去世后，朝政一度停摆。公子夷吾在秦穆公的鼎力扶助下，成功继位，是为晋惠公。惠公死后，由儿子晋怀公承袭了爵位。不过，上述诸君都只是公子重耳的背景板。青年晋怀公仅仅在国君的宝座上逗留了几个月，就被浪迹天涯十九年终于归国的晋文公搀走。——晋文公是晋献公之子，晋惠公兄长，晋怀公的伯父。

及至文公驾鹤西去，晋国权柄交到了儿子晋襄公手里。襄公再传给了儿子晋灵公。灵公是春秋历史上著名的暴虐之主，荒淫无度，后来被大夫赵穿弑杀。灵公罹难时，也就十七八岁，并没有留下储君。群臣商议，拥立了晋成公。——晋成公是晋文公之子，晋襄公异母弟，晋灵公的叔父。

晋成公作古，儿子晋景公临朝。晋景公亡故，儿子晋厉公嗣立。而晋厉公就是派遣吕相前往绝秦的国君。

当然，长篇累牍，不如一图：

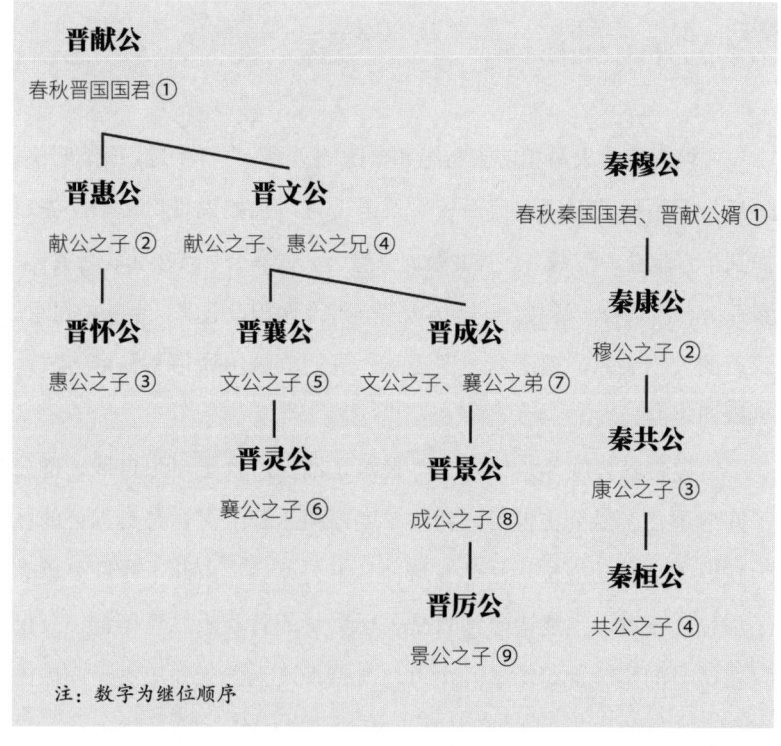

如上图所见,从晋献公算起,君位迤逦传至晋厉公,经历了整整五辈。除晋怀公与晋成公未被吕相"叨扰"之外,其他人都会在本篇檄文中亮相。

转头看隔壁秦国的谱系,一派简约风。秦穆公以降,始终一脉相承。秦穆公传秦康公,秦康公传秦共公,秦共公传秦桓公。而秦桓公就是被吕相念叨的秦国国君。

值得注意的是,我们今天恭贺别人新婚,常常说喜结"秦晋之好"。其遥远的出处正在这张图里。春秋时期,秦、晋两国毗邻且异姓,所以几代联姻。上图中的君主们,又多了一层复杂的姻亲关系。

起初,晋献公很欣赏秦穆公,遂将自己的女儿穆姬嫁了过去——百里奚也顺便成为女方的"嫁妆"。因此论起辈分来,晋献公是秦穆公的老丈人,秦穆公是晋献公的女婿。到后来,秦穆公与晋文公一见如故,又把自己的女儿怀嬴嫁了过去。因此再论辈分,秦穆公成了晋文公的老丈人,晋文公变成了秦穆公的女婿。

然而,这个"系统"的麻烦之处在于,秦穆公的夫人穆姬,其实是晋文公的姐姐……换句话说,秦穆公固然可以把晋文公视为女婿,晋文公也可以把秦穆公当成姐夫。

大家且不要晕眩,这还不是最令人崩溃的。更离谱的是,怀嬴之所以在史书中被称为"怀"嬴,源自她一开始嫁的丈夫是晋"怀"公。换言之,怀嬴原本是晋文公的侄媳妇儿。是后来秦穆公发现晋文公更值得投资,便安排怀嬴改嫁了……

当然,冗笔繁书,还是不如一图:

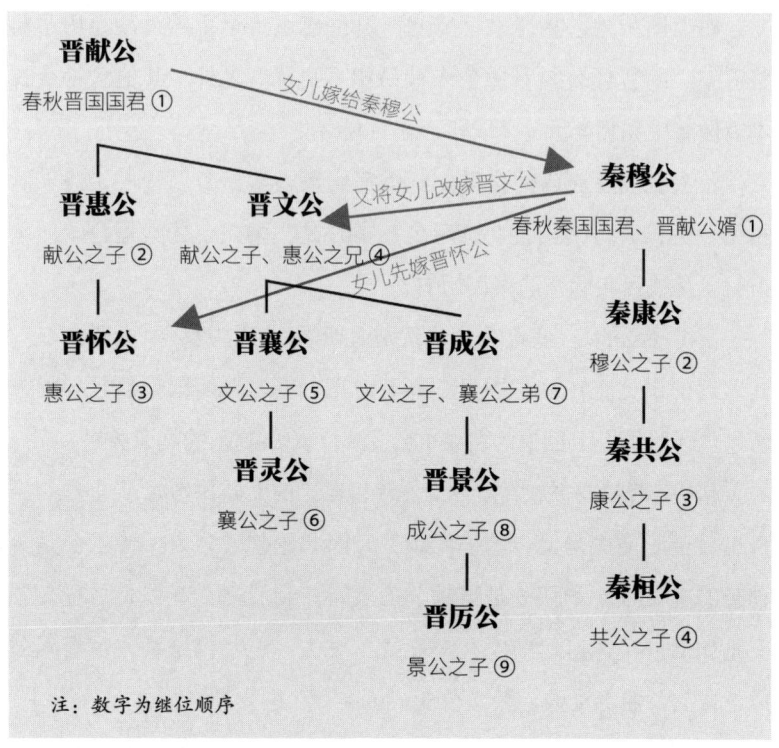

注：数字为继位顺序

图上的奇景充分展现了秦人浑不在乎的戎狄风习，以及晋文公成大事不拘小节的枭雄气质。

再说回到《吕相绝秦》，文章开头一共七个字：

晋侯使吕相绝秦。

背后的信息量却很大。前580年，晋厉公初继位，与秦桓公相约在黄河以东的令狐结盟。晋厉公先至，秦桓公迟迟不肯渡河。双方夹河而盟。不久，秦国背弃盟约，转而与楚、狄联合。

前578年，受到伤害的晋厉公遍邀诸侯，率领齐、鲁、宋、卫、郑、曹、邾、滕等国合力伐秦，并令吕相先行，前去宣布与秦桓公绝交。

晋厉公的曾祖父，可以叫秦桓公曾祖父一声姐夫；而秦桓公的曾祖父，也可以叫晋厉公曾祖父一声女婿。吕相即将追溯（胡诌）两国五辈十一位君主的恩恩怨怨，并昭示联军伐秦的正义性。

两条不同的时间线

春秋时代发布外交辞令，讲求仪态优雅、语言含蓄。因此，吕相首先回顾了数十年前晋献公与秦穆公翁婿之间的深厚情谊，并赞许了秦穆公对晋国所作的贡献。吕相彬彬有礼地说：

> 昔逮我献公及穆公相好，戮力同心，申之以盟誓，重之以昏姻。天祸晋国，文公如齐，惠公如秦。无禄，献公即世。穆公不忘旧德，俾我惠公用能奉祀于晋。又不能成大勋，而为韩之师。亦悔于厥心，用集我文公，是穆之成也。

从前，我先君晋献公和秦穆公相互友好，并力同心，用盟誓加以申明，再用婚姻加深这层关系。无奈上天给晋国降下灾祸，晋文公流亡至齐，晋惠公流亡至秦。不幸，晋献公去世了。秦穆公不忘过去的恩德，使我国君晋惠公归国主持祭祀。秦穆公又不能完成重大的勋劳，发动了韩原之战。他心里也后悔了，因此成就了我国君晋文公，这都是秦穆公的成全。

回头看秦、晋两国的交往史，晋献公把秦穆公召为女婿，绝对眼光独到，超越期待。晋献公辞世以后，秦穆公先后派遣甲士护送晋惠公、晋文公归国，并帮他们稳定了混乱的局面。从小处讲，这对公子夷吾、公子重耳个人有"再造之德"；往大说，那算是襄助延续了晋国的国祚，甚至推动了晋国的春秋霸业。

面对如此巨大的勋劳，吕相当然不能不提，但提得有水平，有技巧。他一方面认可了穆公的功绩，而另一方面也淡化了秦国的重要性。甚至在言语之间暗示对方存在问题。吕相指出，秦穆公对晋惠公并不能慎终如始，而扶助晋文公也是出于愧疚。他在貌似帮衬晋国的同时，又轻率地"为韩之师"，悍然挑起韩原之战，欺凌晋国。

也就是从这一刻开始，吕相的口述史和实际发生的历史进入了两条完全不同的时间线。欢迎来到《吕相绝秦》的平行世界。

什么是"为韩之师"呢？单看吕相的说辞，这是秦国对晋国主权的无情践踏，是秦穆公对不起晋惠公的铁证，更是秦穆公后来羞惭到必须要帮晋文公一把的缘由。但若仔细查阅史籍，就会找到另外一种因果。

晋惠公在流亡期间，千方百计结交强援。为了获得秦国的支持，他大方许诺：如果秦穆公发兵相助自己归国继位，他便割让黄河左近的数座城邑给秦国。一来土地着实实惠，二来惠公毕竟是夫人穆姬的弟弟，也就是自己的小舅子，秦穆公欣然应允。没想到晋惠公当上国君却翻脸不认账了。秦穆公左等右等，始终等不来土地，只等来了一声口头上的抱歉。

事情远没有结束。晋惠公掌权到第四年，国内发生了饥荒。这个时候，他突然想起姐夫的好了，赶紧向秦国呼救。秦穆公心里多少还有些小情绪，就询问大夫百里奚。百里奚说："天灾流行，各国都可能遇到，救助灾荒，抚恤邻国，是应尽的道义。"秦穆公于是慷慨解囊，派遣大量的船只运载粮食，自秦至晋，络绎不绝，史称"泛舟之役"。

无巧不成书,第二年,秦国也饥荒了,着急等米下锅。秦穆公便向晋国求援。结果晋惠公跟大臣们一合计,产生了一个神奇的脑回路:反正当初答应给秦国的城池也没给,梁子早就结下了,何必再浪费粮食?秦国爆发饥荒,真是天赐良机,不如攻打他们。

闹到这个份儿上,秦穆公纵然脾气再好,也忍无可忍,兴兵伐晋。双方大战于韩原。秦兵人数略逊于晋师,但士气高昂。晋国则因为理亏,加上君臣不和,输得一塌糊涂,晋惠公沦为秦穆公的阶下囚。

秦穆公周身的热血都沸腾了,想把晋惠公杀了祭天。穆姬非常伤心,为了救弟弟,她穿上丧服,拖儿带女说要自焚。秦穆公不希望后院失火,也不想真的跟晋国鱼死网破,冷静下来后,就把晋惠公放了。

以上便是秦、晋韩原之战的全进程。吕相完全撇开晋国的过错不提,把责任悉数推诿给秦方,颇有几分指鹿为马、颠倒黑白的神韵。此时再细品他对秦穆公的褒赏,就能觉察出欲抑先扬、以退为进的意思了。只不过别人退一步,可能是为了进两步,而吕相退这一步,是为了接下来的百米冲刺。

平行世界里的故事

说完垫场话,吕相渐入佳境。他友善地提醒秦人,来而不往非礼也,就算秦穆公对晋国有过些许恩德,可晋国早就把这份人情还干净了:

> 文公躬擐甲胄,跋履山川,逾越险阻,征东之诸侯——虞、夏、商、周之胤——而朝诸秦,则亦既报旧德矣。

晋文公穿戴着铠甲和头盔，跋山涉水，跨越艰难险阻，征服了东方的诸侯们——虞、夏、商、周的后裔——（使他们）朝觐秦国，那么也已报答了昔日的恩德。

不得不说，晋文公名头响亮，招牌庞大，真是个好箭垛子，各种了不起的伟业都可以往他身上安插。旁人总觉得晋文公应该有本事做，做了也不足为奇，所以坊间关于他的传闻逸事着实不少。但恰恰是晋文公征服东方诸侯，令他们都来朝觐秦国一事，前人遍阅整部"春秋三传"与先秦诸子文章，都未曾见到只言片语。

因此，晋国对秦国的"还报"，似乎只存在于吕相的高谈阔论当中。在这个"平行世界"里，晋文公不仅令晋、秦两国互不亏欠，还给予了秦穆公更多的惠赐：

> 郑人怒君之疆埸，我文公帅诸侯及秦围郑。秦大夫不询于我寡君，擅及郑盟。诸侯疾之，将致命于秦。文公恐惧，绥靖诸侯，秦师克还无害，则是我有大造于西也。

郑人侵犯秦伯您的边境，我国君文公率领诸侯和秦国一起包围了郑国。秦国的大夫没有询问我国君文公，擅自与郑国缔结了盟约（而退兵）。诸侯们都痛恨这件事，打算和秦国拼死决战。晋文公战战兢兢，安抚了诸侯。秦军之所以能够返回，没有受到损害，这正是我国有大功于秦国之处。

"晋侯、秦伯围郑"的旧闻，我们进行过详细的分析（见《烛之武退秦师》）。事情的起因很明确：晋文公流亡时，郑文公不予招待，还口出不逊，并且在"城濮之战"中站错了队伍，选择帮助楚人。因此，围郑的发起者是晋国，秦穆公由于与晋文公交好，便从旁助力。

而吕相言之凿凿，是郑人侵犯秦国边境在先，晋君替秦国出头在后。这就有点当面侮辱秦人的智商了。要知道，秦国与郑国并不接壤，中间山水阻隔。当年秦军自恃武力，千里袭郑，都闹了个灰头土脸，成为秦穆公的毕生污点。试问区区郑国又如何做到翻山越岭，直抵秦国疆界的呢？更何况，围郑的只有晋侯和秦伯，从来没有别的诸侯。自然不可能出现吕相所描述的桥段：诸侯们憎恶秦国退兵，要跟秦国开战，全靠晋文公庇护，秦军才能够顺利归国。

因此，晋国对秦国的"厚赐"，无疑又是吕相在向壁虚造。而"平行世界"里的故事还能继续推进，秦穆公人设逐渐崩塌，开始"黑化"：

> 无禄，文公即世，穆为不吊，蔑死我君，寡我襄公，迭我殽地，奸绝我好，伐我保城，殄灭我费滑，散离我兄弟，挠乱我同盟，倾覆我国家。我襄公未忘君之旧勋，而惧社稷之陨，是以有殽之师。

不幸，晋文公去世了，秦穆公不善，蔑视我亡故的国君，欺侮我国君晋襄公，突然进犯我国殽地，断绝我国与友好国家（郑国）的往来，攻打我国边城，灭绝与我（同姓的）滑国，离散我国兄弟之邦，扰乱我国同盟，颠覆我们国家。我国君晋襄公没有忘记秦伯过去的勋劳，而又害怕国家灭亡，因此才发动了殽之战。

秦穆公原本想趁郑国国君新丧，兼有内应之机，发起一次偷袭。于是不顾蹇叔再三劝阻，令大夫孟明视、西乞术、白乙丙统领军队，向东潜行。后来，秦人受到郑国商人弦高的误导，错以为对面已有了万全的防备，遂不敢进攻，只顺势灭掉了滑国，旋即回撤。

秦国战车一来一往都从晋国过境，晋国君臣由始至终默默观察着秦军的动向，甚至还引发了一场争论。大夫卜偃告诉大家，出击秦军，必获大捷；大夫栾枝则认为，秦穆公有恩于我，况且晋文公尸骨未寒，实在不宜大动干戈；手握军权的大夫先轸果断拍板，觉得天予不取，反受其咎，时不我待！终于，晋人在殽山隘道设下了埋伏，冲出来一顿暴击疲乏劳累的秦军，让他们全军覆没。纵览整个过程，秦穆公十足是一个冤大头。

吕相却一口笃定，晋文公死后，秦穆公立刻心怀不轨。这几乎就是诛心之论了——我觉得他良心坏了，那一定是坏了。既然良心坏了，那自然戴得下这许多帽子："迭我殽地，奸绝我好，伐我保城，殄灭我费滑，散离我兄弟，挠乱我同盟，倾覆我国家。"晋国简直被残暴不仁的秦穆公逼到了犄角旮旯，退无可退，这才有了"殽之战"。

总之，一场早有预谋的伏击，经过吕相的演绎，变成了一场不得已的自卫反击。吕相口述的"平行世界"与真实的历史渐行渐远。

上述三个段落讨论完，我们暂且停下来审视一下吕相的"奇谈"。不得不佩服这通辞令层次分明、逻辑清晰、目的明确。不经意之间，吕相通过对晋、秦交往的简单"回顾"，完成了对秦穆公形象的彻底"重塑"：交好晋献公—感念旧德迎送晋惠公—出于愧疚扶助晋文公—晋文公还报恩情—晋文公厚赐秦国—秦穆公忘恩负义。这一手操作令人叹为观止。连赫赫声威的秦穆公，都能由白说成了黑，其他人何足道哉？

"说谎"的艺术

秦穆公毕竟是生活在半个世纪前的"老古董"，一些往事属于"近代史",年深日久,变成了陈芝麻烂谷子,大家也未必记得那么清楚。这就给吕相提供了发挥的余地,让他从容游走在历史真实与艺术加工之间。面对他的滔滔宏论,除非是嗅觉敏锐的专业史官,否则很难第一时间看出破绽,有理有据地进行反驳。

但是,一旦进入"当代史"领域,吕相就不得不谨慎起来。如果持续信口开河、凭空捏造的话,搞不好会有事件亲历者站出来"打脸"。因此,越聊到眼前,"发明历史"的难度就越大。然而,晋、秦两国长期交往,时有矛盾冲突,势必各具对错。如何让晋国永远站在道德的制高点上呢?吕相是时候展现真正的技术了。他顺着势头往下说:

> 穆、襄即世,康、灵即位。康公,我之自出,又欲阙翦我公室,倾覆我社稷,帅我蟊贼,以来荡摇我边疆,我是以有令狐之役。

秦穆公、晋襄公相继去世,秦康公、晋灵公前后继位。秦康公是我晋国(穆姬)所生,却又想损害我国公室,颠覆我们国家,率领我国内奸,来动摇我国边疆。我国因此才发动了令狐之役。

"令狐之役"乃四十年前的一桩公案。吕相所谓的"蟊贼",叫作公子雍,原本是晋文公的庶子。文公曾派他去秦国做官,一度官至亚卿。后来,文公亡故,嫡出的晋襄公继位,公子雍就滞留在秦地未归。

晋襄公病逝时,太子夷皋尚在襁褓之中。恰逢晋国连年祸难,晋人希望拥立一位成熟的国君。正卿赵盾属意公子雍,遂派人前往秦国迎接他。秦康公出于一番好意,就模仿父亲秦穆公当年的举措,派兵护送公子雍返回晋国。

没想到板上钉钉的事情突然来了个大反转。晋襄公的遗孀、太子的母亲穆嬴展开绝地反击，整日抱着夷皋在朝堂上放声啼哭，又直接跑到赵氏家中，向赵盾叩头。赵盾和大夫们实在不堪其扰，拗不过她，只好改变初衷，奉太子夷皋为君，是为晋灵公。既然君位已有归属，晋国便发兵拦截公子雍和他的护卫队，在令狐大败毫无防备的秦军。

因此，秦国送"蟊贼"返乡诚然有之，令狐之役由此爆发也的确属实。吕相的话听起来很有道理。但内中的是非曲直，被他信手撩拨，混淆来去，又好像不是那么回事儿。

不待秦人回过味儿来，吕相满含委屈地论述：

康犹不悛，入我河曲，伐我涑川，俘我王官，翦我羁马，我是以有河曲之战。东道之不通，则是康公绝我好也。

秦康公还是不肯改悔，入侵我国河曲，攻打我国涑川，掠取我国王官之地的人民，削弱我国羁马。我国因此才发动了河曲之战。东边的道路从此不通，那是秦康公断绝了与我国的友好。

对秦国来说，令狐一战确实来得莫名其妙，秦康公事后不胜愤怒。为了一雪前耻，他亲自率领大军渡过黄河，攻取了晋国西南部的边邑羁马。晋国闻讯，也出师迎敌，与秦国战车在河曲遭遇。双方互有攻守，未见胜负，相继罢兵回撤。

因此，"入我河曲""翦我羁马"云云，秦康公还当真做过。但是，夹在中间，被吕相冷不丁提及的"伐我涑川，俘我王官"之事，估计对面根本反应不过来。这种在一堆真话中突然插入一两句假话的高级手法，简直令人防不胜防。真真假假虚实相生，又严丝合缝。

秦人想要分辩，一时都不知道从何处说起。

彬彬有礼，咄咄逼人

曲曲折折说到这里，吕相终于铺陈完了背景，烘托足了氛围，调动好了情绪，正式切入此次"绝秦"的导火索。他诚恳地表示：

> 及君之嗣也，我君景公引领西望，曰："庶抚我乎！"君亦不惠称盟，利吾有狄难，入我河县，焚我箕、郜，芟夷我农功，虔刘我边陲，我是以有辅氏之聚。君亦悔祸之延，而欲徼福于先君献、穆，使伯车来命我景公，曰："吾与女同好弃恶，复修旧德，以追念前勋。"言誓未就，景公即世，我寡君是以有令狐之会。

等到秦伯您继承了君位，我君晋景公抻着脖子望向西边，说："大概要抚恤我们了吧？"但您也不与我国举行会盟，反而乘着我国有狄人的祸难，从中取利，侵入我国河县，焚烧我国箕、郜，抢割我国庄稼，杀戮我国边境人民。我国因此才发动了辅氏之战。您也后悔于灾祸的蔓延，而想求福于先君晋献公和秦穆公，于是派遣儿子伯车来命令我先君晋景公，说："我跟你共同友好，抛弃怨恨，再度恢复过去的恩德，追念以前的勋劳。"盟誓还没有完成，晋景公就去世了。我国寡君因此才发起了令狐会盟。

实际上，导致晋国派遣吕相绝秦的直接原因，正是"辅氏之战"与"令狐会盟"，尤其是秦桓公对晋厉公赤裸裸的"背叛"和"伤害"。

先聊聊"辅氏之战"。有鉴于历代先君们被坑了太多次，秦桓公可能真的从内心深处抵触晋人。因此，趁他们攻灭赤狄潞氏的当口儿——在吕相这里，变成了己方遭遇"狄人的祸难"——秦桓公决意征讨晋国。两军在辅氏交锋，额外赠送给后世一段传奇故事。

话说晋卿魏武子有一名爱妾，没有生下儿子。魏武子生病后，吩咐儿子魏颗："如果我死了，一定要让她改嫁。"结果病危时，又临时改变了主意，"一定要让她殉葬！"等到魏武子去世，魏颗说："人病重了就会神志不清，我听从父亲清醒时候的话。"

那年在辅氏战场上，晋军将领魏颗与秦国大力士杜回相遇，有一位老人在地上结草成环，把杜回绊倒了。魏颗顺势俘虏了杜回，进而击退了秦师。魏颗夜里梦见老人说："我是你所嫁女人的父亲。你执行先人清醒时候的话，我以此作为报答。"这便是著名典故"结草"的由来。晋初李密在《陈情表》里就有过征引："臣生当陨首，死当结草。"

总而言之，"辅氏之战"是现任君主秦桓公与晋国交恶的第一步。

再看看"令狐会盟"。时光匆匆，一晃十四年就过去了。晋厉公新继位，想要与秦国搁置前隙，缓和关系，便约秦桓公在令狐相会。

秦桓公属于"父祖被蛇咬，自己怕井绳"，始终不敢相信晋人，徘徊在黄河岸边，就是不肯东渡。晋厉公自然也不愿意西来。最终，两国互派使者过河，草草缔结了盟约。当时便有晋国大夫感叹，既然都猜忌到了这份儿上，盟约哪里能够长久。果然，秦桓公一回国，就抛弃了晋厉公，掉头与楚国和白狄联合。

毋庸置疑，"令狐会盟"让初为人君的晋厉公遭到沉重的打击，充分认识到诸侯国之间的友谊的脆弱，彻底放弃了对秦国的幻想。吕相提起此事，变得义愤填膺：

君又不祥,背弃盟誓。白狄及君同州,君之仇雠,而我之昏姻也。君来赐命曰:"吾与女伐狄。"寡君不敢顾昏姻,畏君之威,而受命于使。君有二心于狄,曰:"晋将伐女。"狄应且憎,是用告我。楚人恶君之二三其德也,亦来告我曰:"秦背令狐之盟,而来求盟于我,昭告昊天上帝、秦三公、楚三王曰:'余虽与晋出入,余唯利是视。'不榖恶其无成德,是用宣之,以惩不壹。"

秦伯您又不善,背弃了盟誓。白狄和您同处雍州境内,(他们是)您的仇人,我国的姻亲。您前来命令说:"我跟你攻打狄人。"寡君不敢顾惜婚姻,又畏惧您的威严,就接受了秦国使者的命令。但您又对狄人动了其他心思,对他们说:"晋国将要攻打你们。"(对您的做法)狄人接受而又嫌恶,因此告诉了我国。楚人也讨厌您的反复无常,也来告诉我国说:"秦国背弃了令狐盟约,而来向我国请求结盟,对着皇天上帝、秦国的三位先公、楚国的三位先王祝告:'我虽然和晋国有往来,但我只看重利益。'我对秦国缺乏固有的道德,因此予以揭露,以惩戒那些言行不一的国家。"

继指鹿为马、颠倒黑白;向壁虚造、发明历史;混淆视听、真假杂糅之后,吕相还能祭出新招数:生无旁证、死无对证。

其实,无论白狄也好,抑或楚人也罢,他们的上述说辞,根本没有第三方听到过。——是否对晋国有过说辞,都值得打一个大大的问号。但在吕相转述的过程中,这些内容显然可方可圆,能轻能重,充满可塑性。只要能够让秦人破防,吕相不妨大胆夸饰,添枝加叶。反正此时此刻,对方也无从对质,核实不了。

当然,在春秋时代发布外交辞令,终归讲求婉约有致、温文尔雅,用最谦卑恭敬的态度，说最锋利凶狠的话。一路气势如虹的吕相收放自如，逐渐平复了情绪，把姿态调低，最后总结陈词：

> 寡人帅以听命，唯好是求。君若惠顾诸侯，矜哀寡人，而赐之盟，则寡人之愿也。其承宁诸侯以退，岂敢徼乱？君若不施大惠，寡人不佞，其不能以诸侯退矣。敢尽布之执事，俾执事实图利之。

寡君率领诸侯前来听命，只是为了请求友好。您如果关心顾念诸侯，怜悯寡君，而赐予我们结盟，那是寡君的愿望。（寡君）就可以安定诸侯，一并退走，岂敢自求战乱？您如果不肯施与大恩，寡君实在无能，就恐怕不能率领诸侯退兵了。谨（把实情）全部布露给您，请您来权衡利害得失吧！

是凶是吉，是战是和，是干戈还是玉帛，一切由秦国来定夺。至于晋国，尽管率领着齐、鲁、宋、卫、郑、曹、邾、滕等各路诸侯大军压境，我们只是想过来交个朋友。

回肠荡气的《绝秦书》就此结束了，成为历朝历代檄文中的封神之作。这也是吕相在《左传》里第一次露面，出道即巅峰。他变言辞为弓矢，化文字作戈戟，横扫千军，气雄万夫。事了拂衣去，深藏身与名。下面的舞台，就交给披坚执锐的甲士们了。

原文注译

晋侯①使吕相②绝秦③,曰:昔逮④我献公⑤及穆公⑥相好,戮力⑦同心,申⑧之以盟誓,重⑨之以昏姻⑩。天祸晋国⑪,文公⑫如⑬齐,惠公⑭如秦。无禄⑮,献公即世⑯。穆公不忘旧德,俾⑰我惠公用⑱能奉祀⑲于晋。又不能成大勋⑳,而为韩之师㉑。亦悔于厥心㉒,用集㉓我文公,是穆之成㉔也。

晋侯派遣吕相前去断绝和秦国的关系,说:从前,我国晋献公和秦穆公相互友好,并力同心,用盟誓加以申明,用婚姻加深这层关系。无奈上天给晋国降下灾祸,晋文公流亡至齐,晋惠公流亡至秦。不幸,晋献公去世了。秦穆公不忘过去的恩德,使我国晋惠公归晋主持祭祀。(秦穆公)又不能完成重大的勋劳,发动了韩原之战。他心里也后悔了,因而成就了我国晋文公,这都是秦穆公的成全。

注 释

① 晋侯:即晋厉公(?~前573),春秋时期晋国国君。姬姓,名州蒲。　② 吕相:春秋时期晋国大夫。姬姓,吕氏(魏氏旁支),名相,谥号为"宣"。下文《绝秦书》或由吕相执笔,或由吕相传递。　③ 秦:此时秦国君主为秦桓公(?~前577),嬴姓,名荣。秦共公之子。　④ 昔逮:古昔、往昔。　⑤ 献公:即晋献公(?~前651),春秋时期晋国国君。姬姓,名诡诸。　⑥ 穆公:即秦穆公(?~前621),春秋时期秦国国君。嬴姓,名任好。春秋五霸之一。　⑦ 戮(lù)力:并力。戮,同"勠"。　⑧ 申:申明。　⑨ 重(zhòng):加重。　⑩ 昏姻:即婚姻。晋献公之女嫁

给秦穆公作夫人。　⑪ 天祸晋国：指骊姬之乱。晋献公妃子骊姬使计，离间了献公与太子申生、公子重耳、公子夷吾父子之间的感情，逼死申生，令重耳、夷吾流亡。　⑫ 文公：即晋文公（前697？~前628），姬姓，名重耳。春秋五霸之一。上述晋献公之子。　⑬ 如：到、往。　⑭ 惠公：即晋惠公（？~前637），春秋时期晋国国君。姬姓，名夷吾。上述晋献公之子、晋文公之弟。　⑮ 无禄：无福，不幸。　⑯ 即世：去世。　⑰ 俾（bǐ）：使。　⑱ 用：因而。　⑲ 奉祀：主持祭祀，即立为国君。按：前651年，公子夷吾在秦穆公的帮助下，回国即位，是为晋惠公。　⑳ 大勋：大功。　㉑ 韩之师：指前645年的韩原之战，秦伐晋，战于韩原，俘获晋惠公。按：晋公子夷吾流亡期间，为获得秦穆公支持，曾许诺：若穆公派兵护送自己回国，便割让黄河以外的五座城邑给秦国。夷吾归晋成为晋惠公后，即刻反悔。晋惠公四年（前637），国内发生饥荒，请求秦国输入粮食，秦穆公慷慨应允。次年秦国发生饥荒，向晋国求助，晋惠公不予理睬。由于晋国屡次背义，秦穆公在前645年（即饥荒发生的第二年）兴兵伐晋，与晋军战于韩原（今山西省芮城县境，一说在今陕西省韩城县西南）。秦兵人数逊于晋，但士气较高。晋国则因理亏，君臣不和，最终战败，晋惠公也做了秦的俘虏。由于秦穆公夫人是晋惠公的姐姐，在她的哭求之下，秦穆公将晋惠公送回晋国。吕相在此，完全撇开晋国过错不提，直斥秦国不对。　㉒ 厥（jué）：代词，他。　㉓ 集：成就，成全。　㉔ 成：成就，成全。按：前636年，公子重耳在秦穆公的帮助下，回国即位，是为晋文公。

文公躬①擐②甲胄③，跋履山川④，逾越⑤险阻，征⑥东之诸侯，虞、夏、商、周⑦之胤⑧——而朝诸⑨秦，则亦既⑩报旧德⑪矣。郑人怒⑫君之疆场⑬，我文公帅诸侯及秦围郑。秦大夫不询于我寡君，擅及郑盟⑭。诸侯疾⑮之，将致命⑯于秦。文公恐惧，绥靖⑰诸侯，秦师克⑱还无害，则是我有大造⑲于西⑳也。

晋文公穿戴着铠甲和头盔，跋山涉水，跨越艰难险阻，征服了东方的诸侯——虞、夏、商、周的后裔——（使他们）朝觐秦国，那么也已报答了昔日的恩德。郑人侵犯秦伯您的边境，我国文公率领诸侯和秦国一起包围了郑国。秦国的大夫没有询问我国君文公，擅自与郑国缔结了盟约（而退兵）。诸侯们都痛恨这件事，打算和秦国拼死决战。晋文公战战兢兢，安抚了诸侯。秦军之所以能够返回，没有受到损害，这是我国有大功于秦国之处。

注 释

① 躬：亲自。 ② 擐（huàn）：穿。 ③ 甲胄：铠甲和头盔。 ④ 跋履山川：即跋山涉水，形容远道奔波之苦。跋，在山上行走。履，行走。 ⑤ 逾越：跨越。 ⑥ 征：征服。 ⑦ 虞、夏、商、周：虞，传说中夏朝之前的朝代，由舜建立。夏、商、周，有史可查中国最古老的三个朝代。 ⑧ 胤（yìn）：后代。 ⑨ 诸：兼词，之于。 ⑩ 既：已经。 ⑪ 旧德：指秦穆公先后护送晋惠公、晋文公归国即位的恩德。按：晋文公征服诸侯，令他们朝觐秦国一事，"春秋三传"与诸子文章都未曾提及，极有可能为吕相捏造。 ⑫ 怒：侵犯。 ⑬ 疆场（yì）：边境。场，疆界。 ⑭ 秦大夫不询于我寡君，擅及郑盟：指前630年，秦、晋围郑，

烛之武退秦师一事。当时与郑国缔结盟约的是秦穆公,此处称"秦大夫",措辞委婉。按:秦、晋围郑的原因,据《左传》记载,是晋文公流亡时,郑文公不予招待,对其无礼,且郑国背晋助楚。故围郑的主角是晋,秦国助晋出兵。而吕相称,因为郑人侵犯秦国边境,晋国助秦出兵,实属捏造。又据《左传》记载,当时只有秦与晋两国围郑,并无晋文公率领诸侯围郑的情形,此又为吕相捏造。意在引出后文"诸侯们都痛恨这件事,打算和秦国拼死决战。晋文公战战兢兢,安抚了诸侯。秦军之所以才能够返回"云云。 ⑮疾:憎恨。 ⑯致命:拼死决战。 ⑰绥(suí)靖:安抚。 ⑱克:能够。 ⑲造:功劳。 ⑳西:指秦国,秦在晋西面。

无禄,文公即世,穆①为不吊②,蔑死③我君,寡④我襄公⑤,迭⑥我殽⑦地,奸绝⑧我好⑨,伐我保城⑩,殄灭⑪我费滑⑫,散离我兄弟⑬,挠乱⑭我同盟,倾覆我国家。我襄公未忘君之旧勋,而惧社稷之陨⑮,是以⑯有殽之师⑰。犹愿赦罪⑱于穆公。穆公弗听,而即楚⑲谋我。天诱其衷⑳,成王㉑陨命,穆公是以不克㉒逞志㉓于我。

不幸,晋文公去世了,秦穆公不善,蔑视我亡故的国君,欺侮我国晋襄公,突然进犯我国殽地,断绝我国与友好国家(郑国)的往来,攻打我国边城,灭绝与我(同姓的)滑国,离散我国兄弟之邦,扰乱我国同盟,颠覆我们国家。我国晋襄公没有忘记秦伯过去的勋劳,而又害怕国家灭亡,因此才发动了殽之战。(晋襄公)还是愿意跟秦穆公求得和解。秦穆公不听,反而靠拢楚国来图谋我国。天意在我,楚成王丧命,秦穆公因此不能在我国得逞。

注 释

① 穆：指秦穆公。　② 不吊：不祥、不善。　③ 蔑死：对死者不敬。　④ 寡：少，这里是欺侮的意思。　⑤ 襄公：即晋襄公（？～前621年），春秋时期晋国国君。姬姓，名驩，晋文公之子。　⑥ 迭：同"轶"（yì），突然进犯。　⑦ 殽（xiáo）：亦作崤，山名，在今河南省洛宁县西北。　⑧ 奸绝：断绝。奸，同"扞"（hàn），冒犯。　⑨ 我好：即"我同好"，与我友好的国家，实指郑国。　⑩ 保城：晋国防守的边城。保，同"堡"，小城。　⑪ 殄（tiǎn）灭：毁灭。殄，灭绝。　⑫ 费（bì）滑：滑国。姬姓封国，爵位为伯爵。前627年，被秦所灭。费，滑的都城，在今河南省偃师市附近。　⑬ 兄弟：指郑国与滑国。郑、滑与晋，皆为姬姓，兄弟之国。　⑭ 挠（náo）乱：扰乱。　⑮ 殒：同"殒"，灭亡。　⑯ 是以：因此。　⑰ 殽之师：即前627年，秦、晋殽之战。按：前628年，秦穆公得知郑、晋两国国君新丧，不听蹇叔劝阻（详见《蹇叔哭师》），执意要越过晋境，偷袭郑国。前627年，秦军统领孟明视、西乞术、白乙丙率军通过殽山隘道，抵达滑国。但受郑国商人弦高误导，以为郑国已经有了防备，遂不敢进攻，只顺势灭了滑国。回师途中，秦军在殽山隘道遭到晋国伏击，全军覆没，是为秦、晋殽之战。殽之战是秦、晋矛盾长期蓄积、最终激化的结果：秦穆公渴望称霸中原，而晋襄公不愿将霸权拱手相让。吕相则声称，殽之战之所以会发生，是因为秦国一再欺凌晋国兄弟之邦，进而威胁到了晋国自身的安全。　⑱ 赦罪：求得和解。　⑲ 即楚：亲近楚国。　⑳ 天诱其衷：当时的习语，意为"上天引导它的内心（眷顾我）"，即"天心在我"。诱，引导。衷，内心。　㉑ 成王：即楚成王（～前626），春秋时期楚国国君。芈姓，熊氏，名恽。春秋五霸楚庄王之祖父。　㉒ 克：能够。　㉓ 逞志：称愿，得逞。逞，满足，施展。

穆、襄①即世，康②、灵③即位。康公，我之自出④，又欲阙翦⑤我公室⑥，倾覆我社稷，帅⑦我蟊贼⑧，以来荡摇我边疆，我是以有令狐之役⑨。康犹不悛⑩，入我河曲⑪，伐我涑川⑫，俘⑬我王官⑭，翦⑮我羁马⑯，我是以有河曲之战⑰。东道⑱之不通，则是康公绝我好也。

秦穆公、晋襄公相继去世，秦康公、晋灵公前后即位。秦康公是我国（穆姬）所生，但又想损害我国公室，颠覆我们国家，率领我国内奸，来动摇我国边疆。我国因此才发动了令狐之役。秦康公还是不肯改悔，侵入我国河曲，攻打我国涑川，掠取我国王官之地的人民，削弱我国羁马。我国因此才发动了河曲之战。东边的道路不通，那是秦康公断绝了同我国的友好。

① 穆、襄：穆，指秦穆公。襄，指晋襄公。　② 康：指秦康公（？~前609），春秋时期秦国国君。嬴姓，名䓫。秦穆公之子。　③ 灵：指晋灵公（前624~前607），春秋时期晋国国君。姬姓，名夷皋。晋襄公之子。　④ 我之自出：指秦康公为晋之外甥。康公生母，亦即秦穆公夫人，是晋献公之女穆姬。　⑤ 阙（jué）翦：损害。阙，同"掘"，挖掘。翦，截断。　⑥ 公室：诸侯的家族。　⑦ 帅：率领。　⑧ 蟊贼：危害国家之人。蟊，食苗根的害虫。贼，食苗节的害虫。此蟊贼指晋公子雍。按：公子雍为晋文公庶子。文公在世时，派公子雍去秦国做官，官至亚卿。文公去世，襄公即位，公子雍留秦。襄公去世，太子夷皋尚在襁褓，由于连年祸难，晋人希望立年长的国君。正卿赵盾属意公子雍，遂派人去秦国迎接他。前620年，秦康公派兵护送公子雍归返晋国。晋襄公夫人穆嬴每日抱着太子在朝廷上哭诉，又去赵氏家中向赵盾叩头。最终，赵盾和大夫们背弃了公子雍，

而立太子夷皋为君,是为晋灵公。晋国进而发兵突袭秦国护送公子雍的军队,在令狐(今山西省临猗县西南)大败毫无防备的秦军。吕相将此事歪曲为秦国故意送公子雍回晋,来破坏晋国的稳定。 ⑨ 令狐之役:指前620年,晋卿赵盾率军在令狐击败秦军一役。 ⑩ 悛(quān):悔改。 ⑪ 河曲:晋国地名,今山西省永济县西南一带,其地恰值黄河转折之处,故名"河曲"。 ⑫ 涑(sù)川:水名,在今山西省西南部。 ⑬ 俘:掠取人民作为俘虏。 ⑭ 王官:晋国地名,在今山西省闻喜县南。 ⑮ 翦:削弱。 ⑯ 羁(jī)马:晋国地名,在今山西省永济县南。 ⑰ 河曲之战:前615年,晋、秦在河曲交战。按:前615年,秦康公为雪令狐战败之耻,亲率大军渡河伐晋,攻取晋国西南部边邑羁马。晋国西进迎敌,两军遇于河曲。秦、晋互有攻守,未见胜负,陆续撤回。然而,秦国"伐我涑川,俘我王官",不见于其他记载,极有可能为吕相捏造。 ⑱ 东道:东方的道路。晋国在秦国东面。

及君①之嗣②也,我君景公③引领④西望,曰:"庶⑤抚⑥我乎!"君亦不惠⑦称盟⑧,利⑨吾有狄难⑩,入我河县⑪,焚我箕、郜⑫,芟夷⑬我农功⑭,虔刘⑮我边陲,我是以有辅氏之聚⑯。君亦悔祸之延,而欲徼⑰福于先君献、穆⑱,使伯车⑲来命我景公,曰:"吾与女⑳同好

等到秦伯您继承了君位,我君晋景公抻长脖子望向西边,说:"大概要抚恤我们了吧?"但您也不与我国举行会盟,反而乘着我国有狄人的祸难,从中取利,侵入我国河县,焚烧我国箕、郜,抢割我国庄稼,杀戮我国边境人民。我国因此才发动了辅氏之战。您也后悔于灾祸的蔓延,而想求福于先君晋献公和秦

弃恶，复修旧德，以追念前勋。"言誓未就㉑，景公即世，我寡君是以有令狐之会㉒。

穆公，于是派遣伯车来命令我们景公，说："我跟你共同友好，抛弃怨恨，再度恢复过去的恩德，追念以前的勋劳。"盟誓还没有完成，晋景公就去世了。我国寡君因此才发起了令狐会盟。

注　释

①　君：指秦桓公。　②　嗣：继承君位。　③　景公：即晋景公（？～前581），春秋时期晋国国君。姬姓，名獳。　④　引领：抻长脖子。引，抻长。领，脖子。　⑤　庶：或许，大概。　⑥　抚：抚恤，安抚。　⑦　惠：敬词，无实义。　⑧　称盟：举行盟会。称，举行。　⑨　利：从中取利。　⑩　有狄难：指前594年，晋伐赤狄潞氏，灭其国。赤狄，春秋时狄人的一支，或说因其俗尚赤衣而得名。潞氏，赤狄国名，故城在今山西省潞城县东北。　⑪　河县：靠近黄河的县邑，即下文的箕、郜等地。　⑫　箕、郜：晋国地名。箕，在今山西省蒲县箕城。郜，在今山西省祁县西。即下文的箕、郜等地。　⑬　芟（shān）夷：铲除，此处指抢劫收割。　⑭　农功：庄稼。　⑮　虔（qián）刘：杀戮。　⑯　辅氏之聚：即"辅氏之战"。战争要聚众，故战亦称"聚"。前594年，晋军在辅氏（今陕西省大荔县东）击败来犯的秦军。　⑰　徼（yāo）：求。　⑱　献、穆：指晋献公与秦穆公。　⑲　伯车：秦桓公之子。　⑳　女：同"汝"，你。　㉑　就：完成。　㉒　令狐之会：前580年，晋与秦在令狐缔结盟约，止战求和。按：令狐会盟时，晋侯在河东，秦伯在河西，双方不曾见面，而各自派大夫渡河，与君主缔结盟约。当时就有大臣质疑这次会盟的有效性。

君又不祥①，背弃盟誓。白狄②及③君同州④，君之仇雠⑤，而我之昏姻⑥也。君来赐命曰："吾与女伐狄。"寡君不敢顾昏姻，畏君之威，而受命于使⑦。君有⑧二心⑨于狄，曰："晋将伐女。"狄应⑩且憎⑪，是用⑫告我。楚人恶君之二三其德⑬也，亦来告我曰："秦背令狐之盟，而来求盟于我，昭告⑭昊天上帝⑮、秦三公⑯、楚三王⑰曰：'余虽与晋出入⑱，余唯利是视⑲。'不穀⑳恶其无成德㉑，是用宣㉒之，以惩不壹㉓。"诸侯备㉔闻此言，斯是用痛心疾首，昵就㉕寡人。

秦伯您又不善，背弃了盟誓。白狄和您同处雍州境内，（他们是）您的仇人，我国的姻亲。您前来命令说："我跟你攻打狄人。"寡君不敢顾惜婚姻，又畏惧您的威严，就接受了秦国使者的命令。但您又对狄人动了其他心思，对他们说："晋国将要攻打你们。"（对您的做法，）狄人接受而又嫌恶，因此告诉了我国。楚人也讨厌您的反复无常，也来告诉我国说："秦国背弃了令狐盟约，而来向我国请求结盟，对着皇天上帝、秦国的三位先公、楚国的三位先王祝告：'我虽然和晋国有往来，但我只是看重利益。'我讨厌秦国缺乏固有的道德，因此予以揭露，以惩戒那些言行不一的国家。"诸侯都听到了这番话，因此痛心疾首，亲近寡人。

注 释

① 不祥：即前文之"不吊"。不善。　② 白狄：春秋时狄人的一支。　③ 及：与。　④ 同州：指白狄与秦同在雍州地区。按：据《尚书·禹贡》记载，大禹将天下分为九州。雍州即其中之一。位于今陕

西中部、青海黄河以南、甘肃东南、宁夏西部。　⑤ 仇雠（chóu）：仇敌。　⑥ 昏姻：即婚姻。按：白狄和赤狄同属狄族，而晋文公一位夫人季隗（wěi）出自赤狄，故吕相称白狄为晋之婚姻。　⑦ 受命于使：接受了秦国使者的命令。一作"受命于吏"，受同"授"，意即"（晋侯）给官吏下达（攻打狄人的）命令"。亦通。　⑧ 有，同"又"。　⑨ 二心：异心，其他心思。　⑩ 应：接受。　⑪ 憎：嫌恶。　⑫ 是用：因此。　⑬ 二三其德：形容三心二意，反复无常。　⑭ 昭告：明白地告知。　⑮ 昊（hào）天上帝：中国神话中的天帝。昊，形容广大无边。　⑯ 秦三公：指秦穆公，秦康公，秦共公。秦共公（？～前605），春秋时期秦国国君。嬴姓，名稻。秦康公之子。　⑰ 楚三王：指楚成王、楚穆王、楚庄王。楚穆王（？～前614）：春秋时期楚国国君。芈姓，熊氏，名商臣。楚成王之子。楚庄王（？～前591），春秋时期楚国国君。芈姓，熊氏，名旅。楚穆王之子。春秋五霸之一。　⑱ 出入：往来。　⑲ 唯利是视：宾语前置结构，即"唯视利"，只看重利益。　⑳ 不穀：不善，诸侯自己谦称。　㉑ 成德：固有的道德。　㉒ 宣：揭露。　㉓ 不一：言行不一。　㉔ 备：都。　㉕ 昵（nì）就：亲近。按：白狄与楚子对晋侯的说辞，其实并无第三方知晓。吕相援引这些说辞来讥讽、抨击秦国，极有可能存在夸张，甚至捏造的情况。

寡人帅①以听命，唯好是求②。君若惠顾③诸侯，矜哀④寡人，而赐之盟，则寡人之愿也。其承宁⑤诸侯以退，岂敢徼⑥

寡人（我们）率领诸侯前来听命，只是为了请求友好。您如果关心顾念诸侯，怜悯寡人（我们）而赐予我们结盟，那是寡人（我们）

乱?君若不施大惠,寡人不佞⑦,其不能以⑧诸侯退矣。敢尽布⑨之执事⑩,俾⑪执事实⑫图利之⑬!

的愿望。寡人(我们)就可以安定诸侯,并退走,岂敢自求战乱?您如果不肯施与大恩,寡人(我们)实在无能,就恐怕不能率领诸侯退兵了。谨(把实情)全部布露给您,请您仔细权衡利害得失吧!

注 释

① 帅:率领,此处指率领诸侯。　② 唯好是求:宾语前置结构,即"唯求好",只为了请求友好。　③ 惠顾:关心照顾。　④ 矜哀:怜悯。　⑤ 承宁:止息,安定。　⑥ 徼(yāo):求。　⑦ 不佞:不才。　⑧ 以:率领。　⑨ 布:布露,宣告。　⑩ 执事:指管事的人。称执事以示尊敬对方。此处指秦桓公。　⑪ 俾(bǐ):使。　⑫ 实:确实,的确。　⑬ 图利之:权衡利害。图,谋划,权衡。利,获利,取利。

文史常识

⊙春秋时期,如何举办一场婚礼?

周人非常重视婚姻,婚礼仪式与礼节也十分讲究。男子在20～30岁之间应当娶妻,女子在15～20岁之间理应嫁人。为了鼓励人口繁衍,一些国家甚至推行过"催婚"的政策。譬如,越王勾践,一面卧薪尝胆,一面号令国人:女子十七不嫁,其父母有罪;丈夫二十不娶,其父母有罪。

从西周到春秋,男女婚配基本遵循"同姓不婚"的原则。这一原则有悠久的渊源:上古时期,人们已经朴素地认识到近亲繁殖会对后代产生危害。各诸侯国君大多从异姓国家迎娶夫人，卿大夫也大多与异姓宗族联姻。如果两个国家异姓，且地理位置毗邻，那么便是绝好的婚姻伙伴，往往数代喜结良缘。比如山东半岛上的齐国（姜姓）和鲁国（姬姓），又如黄河中游的秦国（嬴姓）和晋国（姬姓），"秦晋之好"的说法也由此产生。当然，春秋中后期，伴随着"礼崩乐坏"，且同姓之间血缘关系也已疏远，"同姓不婚"的原则逐渐遭到破坏。

在当时，举办一场婚礼有慎重而烦琐的流程：纳采、问名、纳吉、纳征、请期、亲迎，合称为"六礼"。

首先是"纳采"，亦即议婚。如果男方觉得某家的女子可以作为议婚对象，便请媒妁之人手执大雁作拜见之礼，上门提亲。女方答应议婚后，男方再备礼前去求婚。

其次是"问名"。女子养在深闺之中，外人并不知晓她的名字。因此，男方要请媒人前往询问女子姓名，以及出生年月。

再次是"纳吉"。男方将女子的名字、八字取回后，在祖庙进行占卜。一旦卜得吉兆立马遣媒人前去知会女家，决定缔结婚姻。

再次是"纳征"，亦称"纳币"。男家将财物和聘礼送往女家。

再次是"请期"。男家择定吉日作为婚期，并备礼告知女家，请女家同意。

最后是"亲迎"，新郎前往女家迎娶新娘。至此，婚礼方告完成。

"六礼"形成于周代，主要流行于贵族圈子里，后来产生了极其深远的影响。在漫长的封建社会里，婚礼仪式几乎都是按照"六礼"的模式进行的，只是或繁或简而已。

文言语法

⊙名词活用作状语

在现代汉语中,只有时间名词才可以用作状语,如"星期天回家","下午踢球去"等。至于普通名词,用作状语的情况就十分少见了。但在古代汉语中,几乎各类名词都可以置于谓语之前进行修饰。例如,本篇《吕相绝秦》中,"我君景公引领西望"的"西"字,便作为方位名词修饰了"望"这个动作,翻译为"向西"。

文言文中的名词活用作状语,一般会有如下六种情况。

第一,表时间,跟今天的用法类似,相当于名词之前有"在……""依据……"等。

①秋水时至,百川灌河。(《庄子·秋水》)

翻译为:按照时令。

②项伯乃夜驰入沛公军。(《史记·鸿门宴》)

翻译为:在夜里。

③旦辞爷娘去,暮宿黄河边。(《木兰诗》)

翻译为:在早晨,在黄昏。

第二,表方位或处所,相当于名词之前有"在……""向……"等。

①河渭不足,北饮大泽。(《山海经·夸父逐日》)

翻译为:向北。

②童子隅坐而执烛。《礼记·檀弓上》

翻译为:在角落。

③范雎至秦,秦王庭迎。(《战国策·范雎说秦王》)

翻译为:在庭上。

④夫以秦王之威,相如廷叱之。(《史记·廉颇蔺相如列传》)

翻译为：在廷上。

⑤众辱之曰："信能死，刺我；不能死，出我袴下。"(《史记·淮阴侯列传》)

翻译为：当众。

第三，表工具或方法，相当于名词之前有"以……""用……""依据……"等。

①箕畚运于渤海之尾。(《列子·汤问》)

翻译为：用箕畚。

②伍子胥橐载而出昭关。(《史记·范雎蔡泽列传》)

翻译为：用橐。

③诸侯名士可下以财者，厚遗结之；不肯者，利剑刺之。(《史记·李斯列传》)

翻译为：用利剑。

④失期，法皆斩。(《史记·陈涉起义》)

翻译为：依据法律。

⑤太祖累书呼，又敕郡县发遣。(《三国志·魏书·华佗传》)

翻译为：用书信。

第四，表态度，理解为"像对待……一样"，"按照对待……的态度"。

①今而后知君之犬马畜伋。(《孟子·万章下》)

翻译为：像对待犬马一样。

②彼秦者，弃礼义而上首功之国也，权使其士，虏使其民。(《战国策·赵策》)

翻译为：像对待奴隶一样。

③君为我呼入，吾得兄事之。(《史记·鸿门宴》)

翻译为：像对待兄长一样。

④齐将田忌善而客待之。（《史记·孙膑列传》）

翻译为：按照对待客卿的态度。

⑤范、中行氏皆众人遇我，我故众人报之；至于智伯，国士遇我，我故国士报之。（《史记·刺客列传》）

翻译为：按照对待普通人的态度，按照对待国士的态度。

第五，表比喻，理解为"像……一样"。

①嫂蛇行匍伏。（《战国策·秦策一》）

翻译为：像蛇一样。

②昭王得范雎，废穰侯，逐华阳，彊公室，杜私门，蚕食诸侯，使秦成帝业。（李斯《谏逐客书》）

翻译为：像蚕一样。

③天下云集响应，赢粮而景从。（贾谊《过秦论》）

翻译为：像云一样，像影子一样。

④子产治郑二十六年而死，丁壮号哭，老人儿啼。（《史记·循吏列传》）

翻译为：像小孩一样。

⑤一狼径去，其一犬坐于前。（《聊斋志异·狼》）

翻译为：像狗一样。

第六，表示数量众多，相当于现代汉语该名词重叠以后的意思，可以理解为"每……"。

①秦昭王有病，百姓里买牛而家为王祷。（《韩非子·外储说右下》）

翻译为：每里，每家。

②今境内之民皆言治，藏商、管之法者家有之。

（《韩非子·五蠹》）

翻译为：每家。

③今御骊马者，使四人，人操一策，则不可以出于门闾者，不一也。（《吕氏春秋·执一》）

翻译为：每人。

④使俗之渐民久矣，虽户说以眇论，终不能化。（《史记·货殖列传》）

翻译为：每户。

⑤大率十里一亭，亭有长。十亭一乡，乡有三老、有秩、啬夫、游徼。（《汉书·百官公卿表》）

翻译为：每亭，每乡。

晏子不死君难

选自《左传·襄公二十五年》

> 人物关系

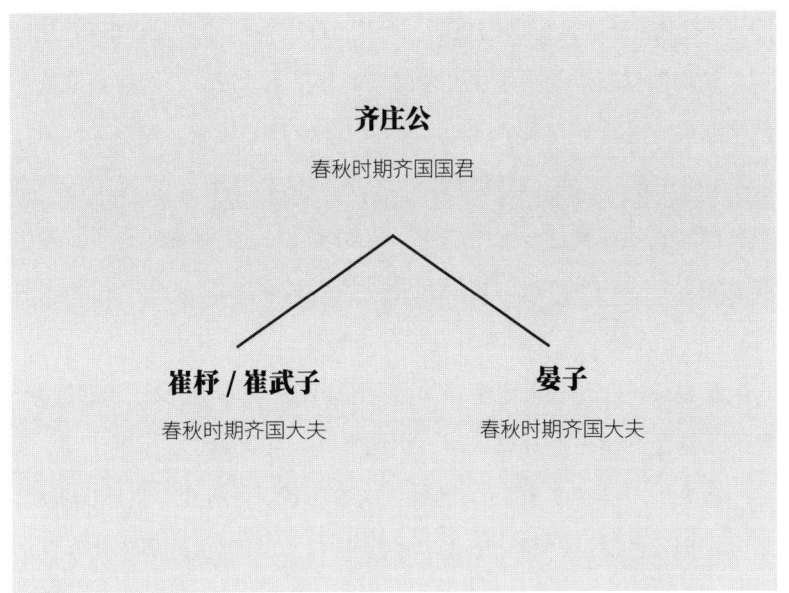

> 文章导读

  提起"春秋战国",我们通常会联想到"礼崩乐坏"这个词。其实,"春秋"与"战国"有显著的区别。春秋时期仍然残存着几分贵族社会的温文尔雅,而战国时期则信奉赤裸裸的丛林法则。乃至于春秋时期本身,前后也经历了二百四十多年,需要用发展的眼光去看待。

  春秋前、中期,周天子逐渐淡出人们的视野,礼乐征伐自诸侯出,各国君主变得异常活跃。郑庄公、鲁庄公、齐桓公、晋文公、秦穆公、楚庄王等人，在我们此前所读的文章里头都承担了非常重要的戏份。而读至《晏子不死君难》，敏锐的读者就会发现时代在悄然改变。——国君一出场就被臣子弑杀了。

在这里"科普"一个小知识——"春秋十二公"：隐、桓、庄、闵、僖、文、宣、成、襄、昭、定、哀。这是《春秋》载录的所有鲁国君主，因为《春秋》原本是鲁国的史书，所以一直用他们的世系来编年记事。

《郑伯克段于鄢》发生在鲁隐公元年（前772），《曹刿论战》发生在鲁庄公十年（前684），《齐桓公伐楚盟屈完》发生在鲁僖公四年（前656），《烛之武退秦师》发生在鲁僖公三十年（前630），《蹇叔哭师》发生在鲁僖公三十二年（前628），《王孙满对楚子》发生在鲁宣公三年（前606），《吕相绝秦》发生在鲁成公十三年（前578），而《晏子不死君难》发生在鲁襄公二十五年（前548）。

鲁襄公杵在历史的十字路口。时值春秋后期，社会秩序迅速崩溃，整体形势急转直下，尊卑失序，纲纪废坠，乱象频生。

襄公十一年（前562），鲁国大夫季孙氏、孟孙氏、叔孙氏崛起，瓜分了国家的军队；襄公十九年（前554），郑国执政卿子孔专权，大夫们率领国人讨伐，杀子孔而分其家；襄公二十五年（前548），齐国大夫崔杼弑君；襄公二十六年（前547），卫国大夫宁喜弑君；襄公二十九年（前544），吴国侍臣弑君；襄公三十年（前543），蔡国世子弑君，郑人攻杀执政卿良宵；襄公三十一年（前542），莒人弑君……

越往后，就越多忤逆僭越之事。先是礼乐征伐自大夫出，国君成为了卿大夫们的垫脚石；继之以陪臣执国命，卿大夫家臣竟能左右一国政令。下陵上替者，遂史不绝书。

前叙"襄公二十五年（前548），齐国大夫崔杼弑君"一行字，就是本篇《晏子不死君难》的大背景。借着残酷的时局，让我们一起来关注国君的生存境遇，窥探卿大夫们的复杂面貌，观察不同的臣子在新时代会做出怎样的价值取舍，恪守哪些立身处世的原则。——絮叨一句题外话，这一年孔子已经出生了，正好三岁。接下来，他将会看到一个多么可怕的世界。

三个姜姓人的故事

故事的一开始，一位美丽的寡妇在夫君的丧礼上邂逅了前来吊唁的齐国大夫崔杼。寡妇被称为"棠姜"，因为她是姜姓女子，据说其家族乃齐桓公的支属后裔，而且亡故的丈夫曾为齐国"棠邑"的大夫，故此得名。这是第一个姜姓人。

崔杼是第二个。崔杼的祖上源出于齐丁公，而齐丁公是姜太公之子，齐国的第二任国君。因此，完整地描述，崔杼乃姜姓，崔氏，名杼。

自从遇到棠姜，崔杼对其一见倾心，惊为天人，便想要娶她回家。家臣赶紧劝阻，因为这违背了"男女辨姓""同姓不婚"的基本原则，在当时显然于礼不合。崔杼并不在乎世俗的眼光，但表示尊重神明的意见，于是决定占卜一下吉凶，让上天来裁决这段姻缘。

大夫陈文子听闻此事，很认真地替崔杼解读了卦象，指出此乃大凶之兆。上天预示着棠姜的丈夫将死于非命。陈文子本想利用崔杼的迷信，打消他荒唐的念头。谁知崔杼为了真爱不管不顾，对卜兆进行了全新的理解，称诅咒已经应验在棠姜前夫身上了，对他不会有任何妨碍。崔杼生生用"魔法打败了魔法"，最终还是与棠姜完婚。

此时，第三个姜姓人粉墨登场了，他就是齐庄公。齐庄公也欣赏棠姜的美貌，并且也不在意同不同姓的问题，甚至不在意棠姜已经嫁给了崔杼的事实。他居然屡次潜入臣子家里，和棠姜幽会。如果两人只是偷偷来往，潜藏行迹，崔杼或许还被蒙在鼓里。荒诞的是，齐庄公偷情偷得十分高调。每次结束，他都会顺走崔杼的一顶帽子，再转赐给别人。庄公的侍者苦口婆心地劝他，这样不好。庄公则表示，崔杼的帽子也没什么特别的，用就用了吧。之后，他仍旧我行我素。

家里损失了不少帽子，每顶帽子都见证了棠姜与庄公的私通，崔杼从此怀恨在心，萌生了弑君的想法，开始托病不朝。

这年夏天，五月十七日，齐庄公声称去崔杼家里探病，轻车熟路地又直奔棠姜的屋子，在门口拍着柱子唱歌。崔杼理性的弦终于断裂了，安排棠姜从侧门回避，派侍人贾举把庄公的随从全部轰到外面，并关上大门，再令私属甲士们对国君群起而攻之。

齐庄公被团团围困，慌不择路，登上一座高台请求把他放走，崔杼不答应；庄公转而请求和崔氏结盟，崔杼也不同意；庄公只好苦苦哀求，希望能在太庙里自我了结，崔杼断然拒绝。甲士们众口一词，都说："君上的臣子崔杼病得太厉害了，不能听取您的命令。这里靠近君上的宫室，我们只知道巡夜搜捕奸淫之徒，不接受其他指令。"

"奸淫之徒"齐庄公逼急了想要跳墙，被人张弓搭箭射中了大腿。齐庄公跌落在墙里边，被崔杼的私兵杀死了。

这是前548年，即鲁襄公二十五年，围绕三个姜姓人发生的故事。故事快结尾的时候，齐国上大夫晏子出现在了崔杼的家门口。

于无声处听惊雷

《晏子不死君难》节选自《左传》,但是经过了编者的缩写:

> 崔武子见棠姜而美之,遂取之。庄公通焉,崔子弑之。
> 晏子立于崔氏之门外,其人曰:"死乎?"

崔武子见到棠姜,觉得她美,于是娶她为夫人。齐庄公与棠姜私通。崔武子杀死了齐庄公。

晏子立在崔氏的门外,他的随从问:"殉死吗?"

这个开头省去了各种冗杂繁复的信息,显得直截了当。然而,作为"代价",则是失去了精彩的八卦。同时,从"崔武子杀死了齐庄公"直接转到"晏子立在崔氏的门外",文意上也显得有些跳脱。

实际上,在都城临淄公然弑杀齐君,势必令朝野耸动,引发一场轩然大波。更何况作为一国之主,齐庄公难道就没有忠于自己的甲士和心腹吗?一定会有。所以"崔子弑之"四个字,与"晏子立于崔氏门外"之间的空白,掩着一片腥风血雨,弥散着森然可怖的气息,我们且于无声之处听惊雷。

《左传·襄公二十五年》直接开列了一张名单:"贾举、州绰、邴师、公孙敖、封具、铎父、襄伊、偻堙皆死。"众人悉数身亡。这些人全是齐庄公亲近的勇力之臣,其中州绰更是春秋时代闻名诸国的豪杰。

州绰本是晋人。若干年前,他随晋师征伐齐国,箭射、生擒了敌阵猛将殖绰和郭最。后来,晋国国内生变,州绰逃至齐国,受到齐庄公厚待。一日,齐庄公当着州绰的面夸耀殖绰和郭最。州绰脸上写满不屑，说："臣尽管初来乍到，然而这两位，如果用禽兽作比方，臣已经吃了他们的肉而睡在他们的皮上了。"这便是成语"食皮寝肉"的由来。

坊间传说，齐庄公遇弑时，州绰情急之下找不到兵器，遂举巨石与叛军格斗，势孤力穷后以死报君。他的头实在太结实，接连撞破了三四堵墙才碎裂。待大事了结后，崔杼草草地埋葬了这批人，不肯用兵甲陪葬，就因为怕他们在地下作乱。

不仅如此，大夫祝佗父在高唐主持祭祀，回到国都复命，还没有来得及摘下礼帽，就被杀害了。管理渔业的申蒯嘱托他的家仆："你带着我的妻子儿女逃走，我准备赴死。"家仆回答道："如果我出奔避难，那就违背了您的道义。"于是和申蒯一起殉难。崔杼的甲士一口气追到临淄外围的城邑平阴，杀死了齐庄公的外戚鬷蔑。

在这样险恶惨烈的环境下，晏子默默地站到了崔杼家门口。因此他的随从才问他：

死乎？

您也准备追随国君而去吗？

因此，如果我们直接阅读《晏子不死君难》，或许会觉得晏子来得意外，随从问得很突兀。但看完了前面的所有铺垫，再读到晏子与随从的对答，文章就连贯起来了。

晏子是先秦时期齐国著名的卿大夫，也是与管仲、子产等人齐名的政治家，更是民间传说中才华与机智的象征，成为小朋友们学习的榜样。从出身上看，他是典型的"大夫二代"，齐国上大夫晏弱之子。

八年前，父亲病逝后，晏子承袭了上大夫的官爵。过去的八年里，他已经侍奉过齐灵公、齐庄公两代君主。而在未来的四十八年里，他还将与嗣君齐景公一起，影响春秋的政局，并创造出一系列逸事典故。譬如，很多人自幼就接触过的："出使楚国，不入狗洞""橘生淮南则为橘，生于淮北则为枳""二桃杀三士"，等等。围绕他的史料和趣闻甚至多到汇集成了一本书——《晏子春秋》。

听到随从发问，晏子回答说："难道只是我自己的国君吗？我为什么要死？"随从又问："逃亡吗？"晏子回答说："难道国君之死是我的罪过吗？我为什么要逃？"随从最后问："回去吗？"晏子一声长叹：

> 君死，安归？君民者，岂以陵民？社稷是主。臣君者，岂为其口实？社稷是养。故君为社稷死，则死之；为社稷亡，则亡之。若为己死，而为己亡，非其私昵，谁敢任之？且人有君而弑之，吾焉得死之？而焉得亡之？将庸何归？

国君都死了，我还能回到哪儿去？君临百姓的人，难道可以凭借（地位）凌驾于民众之上？他应当主持国政。臣服君主的人，难道只是为了获取他们的俸禄？他们应当供养国家。所以，如果（君主）为国家死，那么（我）就陪他死；为国家逃亡，那么（我）就陪他逃亡。如果（君主）只是为了自己的私事而死，而逃亡，除了他宠爱的亲信，谁有责任去陪伴他呢？况且君主是崔杼立的，现在又被崔杼杀了，我为什么要为他死？为他逃亡？但是我又能回到哪儿去呢？

读到这里，我们又从晏子的叹息中发掘出了一则小花絮——齐

晏子不死君难

庄公原本是大夫崔杼拥立的！据史书记载，齐庄公虽然是太子，但父亲齐灵公的宠妃戎姬请求改立公子牙。齐灵公自信地答应，我说了算！直接废长立幼，并把废太子驱逐到了边邑。

后来，齐灵公病危，大夫崔杼偷偷从边邑迎回了废太子，并协助他除掉戎姬和公子牙。由此，齐庄公才能顺利即位。这样就解释了为什么崔杼权势如此之大，竟能弑君；也进一步证明齐庄公脑子里真的养金鱼了，于情于理都不应该去偷情……

说回到晏子。晏子不肯愚忠，他有自己明确的价值观。同时，晏子也毫不畏惧，维持了贵族良好的风度和姿态。他与随从讲完话，踱步走进了崔杼家，寻见齐庄公的尸身，把尸体放在自己的大腿上放身号哭。并遵循丧礼的仪式，站起来，再往上跳跃三次。礼毕，转身离去。

崔杼的家臣们似乎被震慑住了，默默地围观了全过程。等缓过神来后，有人劝说崔杼："一定要杀了他！"崔杼没有同意："（他是）百姓敬仰的人，放了他，可以得民心。"

一字不可易，踵事又增华

《晏子不死君难》至此就结束了。当然，围绕故事里的人物——崔杼与齐庄公，衍生出了两条分支剧情。其中一条彰显了历史的严肃和史官的气节，而另一条则展现了传说的流变与群众的喜好。

先说崔杼的故事线。国君死后，齐国太史捧着竹简记录下来一行字："崔杼弑其君。"崔杼反手就把他杀了。春秋史官是家族事业，父死子继，兄终弟及。于是，太史的弟弟捧着竹简继续记录："崔杼弑其君。"崔杼也把他杀了。结果太史的弟弟还有弟弟，捧着竹简继续记录："崔杼弑其君。"崔杼眼见杀不尽绝，只好认栽。隔壁国家的南史氏辗转误听，以为齐太史一家死干净了，赶紧在竹简上写清楚："崔杼弑其君。"抱着竹简就来见崔杼。直到确认事情已经如实记载，这才折返回去。

一千八百多年以后，南宋丞相文天祥抗元失败，被关押在元大都的牢狱里，宁死不肯投降。临终前，他挥笔写就了《正气歌》：

> 天地有正气，杂然赋流形。下则为河岳，上则为日星。
> 于人曰浩然，沛乎塞苍冥。皇路当清夷，含和吐明庭。
> 时穷节乃见，一一垂丹青。在齐太史简，在晋董狐笔。
> 在秦张良椎，在汉苏武节。为严将军头，为嵇侍中血。
> 为张睢阳齿，为颜常山舌。或为辽东帽，清操厉冰雪。
> 或为出师表，鬼神泣壮烈。或为渡江楫，慷慨吞胡羯。
> 或为击贼笏，逆竖头破裂。是气所磅礴，凛烈万古存。
> ……

整首诗感情沉郁，慷慨悲壮。尤其是连用十二个典故，昭示了浩然正气的磅礴力量。而排在最前面的"在齐太史简"，说的就是齐国太史秉笔直书"崔杼弑其君"的历史。这是春秋史官的职业操守，更是后世知识分子所珍视的气节。

再看看齐庄公的故事线。齐庄公虽然是一个荒唐滑稽的反面角色，但他也为摇曳多姿的民间传说，做出了神奇的"贡献"。

据《左传·襄公二十三年》记载，继位四年的齐庄公领兵突袭莒国，大夫杞梁不幸战死。尔后庄公归国，在郊外遇到迎接丈夫灵柩的杞梁之妻，遂派人慰问。杞梁妻认为郊外吊唁不合乎礼节，便回绝了。

庄公于是亲临杞梁家中致祭。

到了战国时期,这个简单故事开始多了一点细节。《孟子》借齐国大夫淳于髡之口,说"杞梁之妻善哭其夫而变国俗",突出了一个"哭"字,而且哭调在齐国风行了起来。来到汉朝,故事越传越广,情节也越来越丰富。西汉刘向的《说苑·善说》称杞梁妻"向城而哭,隅为之崩,城为之阤",哭声具有强大的穿透力,竟然令城墙崩塌。随后刘向的《列女传》把故事又重新演绎了一遍,增加了杞梁妻哭完之后"遂赴淄水而死"的情节。

久而久之,杞梁妻的悲伤凝固成为一种文化符号。汉代文人五言诗《古诗十九首·西北有高楼》即云:"上有弦歌声,音响一何悲!谁能为此曲,无乃杞梁妻。"杞梁妻能为悲音代言。

时光荏苒,故事在民间口耳相传,一路讲到了唐代。唐末诗僧贯休创作了一首诗歌,题目就叫《杞梁妻》:"秦之无道兮四海枯,筑长城兮遮北胡。筑人筑土一万里,杞梁贞妇啼呜呜。上无父兮中无夫,下无子兮孤复孤。一号城崩塞色苦,再号杞梁骨出土。疲魂饥魄相逐归,陌上少年莫相非。"神奇的是,故事的时间已经从春秋往后挪至了秦朝,杞梁妻哭崩的城墙也具体化为长城。

再后来的故事,大家就耳熟能详了。杞梁妻变成了孟姜女——姜姓的大女儿,隐隐喻示着故事的源头是在姜姓齐国。她的丈夫杞梁也被人民群众玩起了谐音梗,衍生出杞良、范杞良、范希郎、范喜郎、万喜良等名字。

"孟姜女哭长城"从此和"牛郎织女""梁山伯与祝英台""白蛇传"并称中国四大民间传说。传说就是这样,穿越数百年上千年,经过无数人的再创作,最后变得面目全非,却又令老百姓喜闻乐见。

原文注译

崔武子①见棠姜②而美③之，遂取④之。庄公⑤通⑥焉⑦，崔子弑之。

崔武子见到棠姜，觉得她美，于是娶她为夫人。齐庄公与棠姜私通。崔武子杀死了庄公。

注 释

① 崔武子：春秋时期齐国大夫。姜姓，崔氏，名杼，谥号为"武"。　② 棠姜：姜姓，东郭氏，因嫁与齐国棠邑大夫棠公为妻，故又称棠姜。　③ 美：意动用法。觉得美。　④ 取：同"娶"。　⑤ 庄公：即齐庄公（？~前548），姜姓，吕氏，名光。　⑥ 通：私通。　⑦ 焉，代词，指代棠姜。

晏子①立于崔氏之门外，其人②曰："死乎？"曰："独吾君也乎哉？吾死也？"曰："行乎？"曰："吾罪也乎哉？吾亡也？"曰："归乎？"曰："君死，安归③？君④民者，岂以陵⑤民？社稷是主⑥。臣⑦君者，岂为其口实⑧？社稷是养⑨。故君为社稷死，则死之⑩；为社稷亡，则亡之。若为己死，而为己亡，非其私昵⑪，谁敢任⑫之？且人⑬有君而弑之，

晏子立在崔氏的门外，他的随从问："殉死吗？"晏子说："难道只是我自己的国君吗？我为什么要死？"随从问："逃亡吗？"晏子说："难道国君的死是我的罪过吗？我为什么要逃亡？"随从问："回去吗？"晏子说："国君都死了，回哪儿去？君临百姓的人，难道可以凭借（地位）凌驾于百姓之上？（他）应当主持国政。臣服君主的人，难道只是为了获取他们的俸禄？（他

吾焉得死之？而焉得亡之？将庸何归⑭？"

（们）应当供养国家。所以，如果君主为国家死，那么（我）就陪他死；为国家逃亡，那么（我）就陪他逃亡。如果（君主）只是因为自己的私事而死，而逃亡，除了他宠爱的亲信，谁有责任去陪伴他呢？况且君主是崔杼立的，现在又被他杀了，我为什么要为他死？为他逃亡？但是我又能回到哪儿去呢？"

注 释

① 晏子：春秋时期齐国大夫，历仕灵公、庄公、景公三世。姬姓，晏氏，字仲，谥号为"平"。　② 其人：晏子随从。　③ 安归：宾语前置结构，即"归安"，归去哪里？安，哪里。　④ 君：动词，为民之君。　⑤ 凌：超越，凌驾。　⑥ 社稷是主：宾语前置结构，即"主社稷"，主持国政。主，主持。　⑦ 臣：动词，为君之臣。　⑧ 口实：口中事物，即俸禄。　⑨ 社稷是养：宾语前置结构，即"养社稷"，供养国家。养，供养。　⑩ 死之：为动用法，即"为之死。"　⑪ 私昵（nì）：个人昵爱的人。昵，昵爱，亲近。　⑫ 任之：指承担责任。任，承担。　⑬ 人：指崔杼。齐庄公能即位，是由于崔杼，所以称"人有君"。　⑭ 庸何归：宾语前置结构，即"归庸何"，归去哪里。庸，即何。

| 门启而入，枕尸股^①而哭。兴^②，三踊^③而出。人谓崔子："必杀之！"崔子曰："民之望^④也，舍之，得民。" | 门打开，晏子进去，把尸体放在自己的大腿上放声号哭。（晏子）站起来，往上跳跃三次。礼毕，转身离去。有人对崔武子说："一定要杀了他！"崔武子说："（他是）百姓敬仰的人，放了他，可以得民心。" |

注 释

① 枕尸股：把尸体放在自己的大腿上。　② 兴：指哭完后站起身。　③ 踊：古代丧礼，向死者跳脚号哭，以示哀痛。　④ 民之望：指百姓敬仰的人。

文史常识

⊙西周至春秋，社会阶层发生了什么变化？

《左传·桓公二年》记载过晋国大夫师服的一番话：

> 故天子建国，诸侯立家，卿置侧室，大夫有贰宗，士有隶子弟，庶人、工商，各有分亲，皆有等衰。是以民服事其上，而下无觊觎。

这段文字向来被视为描述周代分封、宗法制度的典范。天子为天下之大宗，其嫡长子继承天子之位，别的儿子分封作诸侯；诸侯为一国之大宗，其嫡长子继承诸侯之位，别的儿子降而为卿；卿的嫡长子能承袭父亲的爵禄与采邑，别的儿子降而成大夫；大夫的嫡长子世继为大夫，其支庶便是士；士的嫡长子仍旧是士，其支庶便沦为庶人。在严格的宗法社会里,"天子—诸侯—卿大夫—士—庶人"的等级秩序井然,上下有别,尊卑有序,分别对应不同的礼仪、权利和义务。

值得注意的是,上述文字呈现的是一种理想状态。实际上,天子建国、诸侯立家、卿大夫置士等逐级分封,并不是同步推进的事情。

"天子建国"主要集中在周初。武王伐纣、周公东征以后,周天子在王畿之外对诸侯分土、授民、颁爵、赐号,在王畿内部授予公卿大夫采邑。彼时地荒人稀,诸侯、公卿筚路蓝缕,开基立业。

"诸侯立家"大约起自西周末年,讫于春秋中叶。各诸侯国国君实力日益雄厚,便尝试分封卿大夫,如鲁之三桓、晋之六卿、郑之七穆、宋之公族,齐之国、高、崔、庆、陈诸氏,楚之斗、成、蔿、屈、申各家,纷纷乘势而起。当是时,卿大夫出外累世为官,执掌一国之政;入内则拥有世袭的领土和权力,在封域中可以自由筑城,设置军队,并借助细密严格的宗法组织,委派宗亲、家臣来协助自己治理采邑。

卿大夫家臣坐大,则滥觞于春秋后期。《论语·季氏篇》记录下了孔子的观点:

> 天下有道,则礼乐征伐自天子出;天下无道,则礼乐征伐自诸侯出。自诸侯出,盖十世希不失矣;自大夫出,五世希不失矣;陪臣执国命,三世希不失矣。

到了孔子的时代,的确是礼乐征伐自大夫出。卿大夫当国主政之余,再往下分赐爵禄与采地,便开启了战国时代大量"陪臣执国命"的先声。

文言语法

⊙ 意动用法

文言文中存在一种特殊的语法现象——意动用法。所谓意动用法，就是指谓语具有"认为宾语怎么样"或者"把宾语当作什么"的意思。例如，本篇《晏子不死君难》中"崔武子见棠姜而美之"，就翻译为"崔武子见到棠姜，觉得她美"。

意动用法与使动用法在外观上都是"谓语+宾语"的形式，必须通过内容来区别。可以比较以下两句话：

①君子之学也以美其身。（《荀子·劝学》）

②吾妻之美我者，私我也。（《战国策·邹忌讽齐王纳谏》）

两句话中都出现了"美"字，然而句①中的"美其身"，是指君子学习能"使自身美好"，"美"是使动用法；②中的"美我"，是指邹忌的妻子"认为邹忌美"，"美"是意动用法。

意动用法主要有两种形式："形容词+宾语"——觉得宾语具备该形容词的状态，抑或是"名词+宾语"——把宾语当作是该名词所指称的事物。

第一，"形容词+宾语"

①时充国年七十余，上老之。（《汉书·赵充国传》）

"老"为意动用法，"老之"翻译为：觉得他老。

②渔人甚异之。（陶渊明《桃花源记》）

"异"为意动用法，"异之"翻译为：觉得此景令人诧异。

③成以其小，劣之。（蒲松龄《聊斋志异·促织》）

"劣"为意动用法，"劣之"翻译为：觉得它不好。

第二,"名词+宾语"

①我可以不夫人之乎?"(《春秋榖梁传·僖公八年》)

"夫人"为意动用法,"夫人之"翻译为:把她当作夫人。

②不如小决使道,不如吾闻而药之也。(《左传·襄公三十一年》)

"药"为意动用法,"药之"翻译为:把它当作良药。

③与子渔樵于江渚之上,侣鱼虾而友麋鹿。(苏轼《前赤壁赋》)

"侣"和"友"为意动用法,"侣鱼虾而友麋鹿"翻译为:把鱼虾当作伴侣,把麋鹿当作朋友。

季札观周乐

【选自《左传·襄公二十九年》】

人物关系

吴公子札 / 季札
春秋时期吴国公子、吴王寿梦第四子

鲁襄公
春秋时期鲁国国君

文章导读

　　古人对音乐有非常玄妙的理解，寄寓了美好的政治愿望。"乐"之一字，不仅仅代表了一种艺术，也不单纯赐予人感官上的享受，更要发挥特殊的疗效——"治心"。

　　譬如周朝，王室以恢宏的"礼乐"作为立国之根本。然而，"礼"和"乐"切不可混为一谈，两者各有分工，相得益彰。礼主外，乐主内。

　　礼是不容僭越的等级和精致考究的仪式，用来约束人们外在的言行举止：小到该怎么吃肉，该怎么穿衣，该怎么佩玉等琐碎细节，大到祭祀祖先、发动战争、颁布历法的繁缛流程。乐则担负起了陶冶人性、移风易俗的责任，让大家心悦诚服地认可礼、接受礼，自觉控制好内在的思想感情。

基于此，儒家学者还发明了一个简洁优美的推导：

音乐→人心→治乱

聆听高雅的音乐可以净化心灵，节制无穷无尽的欲望，调和人与人之间的矛盾，进而影响社会风尚，决定国家治乱。

那么，将公式逆向推导，政治的好坏善恶自然也能左右本地的舆论和民情，最终反映在流行的音乐上。《礼记·乐记》曾经做过经典的总结：

> 治世之音安以乐，其政和；乱世之音怨以怒，其政乖；亡国之音哀以思，其民困。声音之道与政通矣。

治平之世的音乐充满安适与欢乐，它的政治一定平和；动乱之世的音乐充满怨恨与愤怒，它的政治一定乖悖；国家将亡时的音乐充满哀怨和愁思，百姓困苦不堪。声音的道理与政治息息相通。

在上述精神的指引下，据说周王朝启动了规模宏大的文化工程：采诗。早期的"诗"都是合乐的。说得更确切些，从远古一直到周代，诗、乐、舞三者紧密融合，没有离开音乐而独立创作的诗篇。祖先们心中有所感触，不免手舞足蹈，载歌载咏，甚至来一场集体大合唱。所谓诗，本质上就是歌词。直到春秋以后，诗才逐渐从乐舞中分化出去。

因此，周王朝的"采诗"，也就是搜集全国各地的民谣。让端坐在朝堂上的天子可以借助歌诗体察时政，感受不同地域的风俗文化，了解治理国家的成败与得失。

如果根据司马迁略嫌夸张的说法，汇集上来的歌诗卷帙浩繁，有 3000 多篇。经由孔子大刀阔斧地删、删、删，最后十取其一，留下了 305 篇，也就是我们现在读到的《诗经》。

当然，更多学者相信，早在孔子七八岁的年纪，"诗"的数量和整体面貌已经和今天相仿佛了。这有《季札观周乐》为证。

《季札观周乐》是一篇"特立独行"的古文，不同流俗，个性鲜明。阅读难度系数高达五颗星。因为它涉及许多复杂的文化背景，包括古人对音乐的认知，周代歌诗的采编过程与呈现形态，以及西周至春秋的历史沿革。

前叙絮言已经初步廓清了"音乐"和"歌诗"的问题，至于"历史"，我们且看后面的故事。

预言家季札

相传在遥远的殷商末季，周部族的领袖古公亶父生有三个儿子：太伯、仲雍和季历。季历十分贤能，又诞下了一名具备"圣德"的男孩，起名为昌，也就是后来的周文王。

古公亶父有意传位给幼子季历，以便让孙儿昌最终袭位。太伯和仲雍觉察到了父亲的想法，不想让他为难，就一起逃往南方太湖流域，并且迅速融入了当地的潮流——"断发文身"。剪断头发，在身上刺满花纹，以示与周文化诀别。

太伯自称"句吴"。太湖边上的乡民觉得他够义气，值得追随，前来归附的有一千余户。太伯没有子嗣，死后由弟弟仲雍接班。等到周武王伐纣成功，寻找到太伯、仲雍的后代，就地封为吴国国君，位列同姓诸侯。

如果说楚国在中原人眼中已属蛮族之乡，那么更加偏远的吴国，几乎就等同于野人聚居区了。吴人更加放荡不羁,不守周朝规矩,多吃水产,重剑轻死,方言冷僻到连楚人都听不懂。仲雍第十九世孙寿梦在位期间,国势逐渐强大。在稍微引进中原文化后,寿梦毫不客气地学习了楚子,僭越称王。

吴王寿梦有四个儿子,长子诸樊,次子余祭,三子余眜,四子季札。季札,亦即本篇的主角公子札。他最有德行,极富才干,知识储备远远突破了吴国的天花板。吴王便想立他为储君。季札秉承了先祖辞让的优良传统,坚决不肯。于是,吴王立了长子诸樊。

等到吴王寿梦亡故,诸樊服丧已毕,便想重新传位给四弟,以了却父亲的心愿。季札很执着,第二次婉拒。十余年后,吴王诸樊去世,临终前居然留下遗命,将王位传给二弟余祭,并希望通过兄终弟及的方式,一直轮到季札继位。

事情起初进展顺利,二弟余祭临终前传位于三弟,三弟余眜将死时要传位于四弟。结果季札第三次谢绝,索性逃之夭夭。吴人无可奈何,只好改立了余眜的儿子僚。

当然,诸樊之子公子光心中不忿,暗遣刺客专诸用鱼肠剑弑杀了吴王僚,自立为吴王阖闾。后来,阖闾大破楚国,北进中原,号称霸主,那就是另外一个故事了。

说回到公子札。在二哥余祭担任吴王期间,季札奉命出使中原。此时春秋的历史已经走完了一大半儿,却是吴国第一次向列国派遣使者进行友好访问。在礼仪之邦的好奇目光中,季札惊艳登场。这一圈游历,令他的社会评价和历史地位迅速提升。

就好比,大家都以为来了位"小镇做题家",结果他展示了科学院院士的恐怖实力,一路走来,为各地的学霸答疑解惑,还顺便分享了宝贵的人生经验。

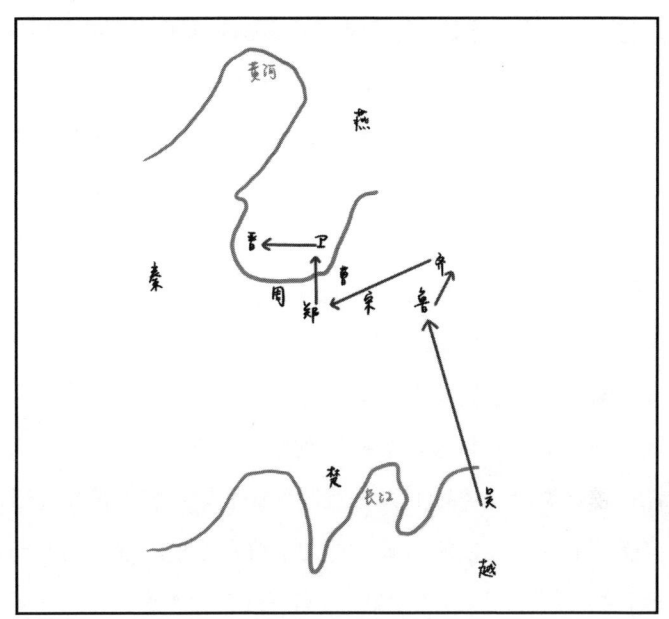

吴公子札游历形势示意图

季札首先来到鲁国，请求欣赏周朝乐诗。众所周知，周公是周代礼乐的缔造者。鲁君作为周公的直系子孙，一直享有使用天子礼乐的特权。如今周王室衰败，礼坏乐崩，唯独鲁国还保留了一套完整的副本。晋国大夫韩宣子来鲁国转了一圈，就发出"周礼尽在鲁矣"的感慨。这是季札游历中原的第一站，周乐不可不观。

于是，鲁襄公为他举办了一场盛大的音乐会。季札听诗、观乐、赏舞，凭借着惊人的洞察力和深厚的学养，对各地文化进行了独到的点评。他甚至见微知著，推测了一些国家未来的发展。也就是从此刻开始，季札"暴露"了他预言家的身份。

离开鲁国后，季札北上走访齐国，见到了四年前"不死君难"的晏子，彼此欣赏。他把预言送给了晏子："您赶快交还封邑和权力。

没有封邑没有权力,才能免于祸难。齐国的政权将会别有归属。"

辞别齐国后,季札南下聘问郑国,遇到了贤大夫子产。两人相谈甚欢,十分投契。季札又把预言送给了子产:"郑国执政者过于奢侈,祸难将要来临。政权必然落到您手中,您可要谨慎执政。"

自郑国出发,季札折返到了卫国。虽然卫献公新丧,但季札先后结识了蘧瑗、史狗、史䲡、公子荆、公叔发、公子朝等朋友,欣喜地说:"卫国君子很多,因此国家没有什么灾患。"

从卫国起程,季札前往晋国,路过戚邑,准备稍事休息。戚邑是卫国大夫孙文子的封地。季札忽然听到了钟乐声,忍不住叹息:"奇怪!我听说没有德行的人必然遭到诛戮。孙文子得罪过国君,惊惧尚恐不够,还可以玩乐吗?孙文子待在这里,就像燕子把巢筑在帷幕上那么危险。国君还在棺中,停殡未葬,难道可以玩乐吗?"说完就离开了。——孙文子听到了这番话,一辈子不再听音乐。

抵达晋国后,季札十分看好晋国大夫赵文子、韩宣子和魏献子,继续预言:"晋国的政权大约要聚集在这三家了。"临行前,他又谆谆叮嘱贤大夫叔向,说,"您一定努力!晋国国君挥霍无度,大夫实力雄厚,政权将要归于三位大夫。您为人刚直,千万要让自己免于祸难。"

至此,季札出使圆满结束,旋即南返,途经家门口的徐国。先前季札曾拜望过徐国国君,徐君很喜欢他随身佩带的宝剑,又不好意思索要。季札察言观色,心里清楚徐君的意思。但由于自己还要履足中原,不能缺乏威仪和礼数,因此并没将宝剑奉上。

如今故地重游,得知徐君去世了,季札于是解下宝剑,挂在徐君坟墓旁边的树上。随从赶紧制止:"人都不在了,宝剑留给谁呢?"季札回答说:"不是这样。当初我内心已经答应了徐君,怎么能因为人死去，就违背心意呢？"

季札挂剑以后，飘然而去。而留在中原的预言逐一应验。

下一年，郑国发生内乱，执政卿伯有因为奢靡堕落，招致群大夫围攻，身死族灭。伯有被杀之后，子产被推至前台，治理郑国的朝政。

后十二年，齐国高层互相戕害，陈氏、鲍氏、栾氏、高氏战成一团，陈氏成为最后的赢家，独揽大权。早早让出封邑与官职的晏子置身事外，免去了一场灾患。

后三十年，叔向之子卷入了晋国勋贵们的权力斗争，为晋人所诛杀，家族一朝覆灭。

后一百五十年左右，赵、魏、韩三家分晋，由卿大夫升级成为诸侯，而晋国社稷不复存在。

《左传》似乎对预言情有独钟，做了大量的记载。当时的史官们应该深信，少部分智者可以看穿眼前的一片混沌，清晰地窥见未来。有的预言家使用蓍草占卦；有的预言家依靠龟甲卜兆；也有的预言家仰望日月星辰的运行变化；又或者，干脆借由棺材里的一声牛叫……

然而，季札和他们不一样。他细致地观察了各国的政治环境，又认真揣摩了当地的世态人情，经过逻辑推导，敏锐地捕捉到可能出现的变化，从而在历史的不确定性中，梳理出了一条发展轨迹。这是个含金量十足的技术活儿。

那么，当初在鲁国，面对庞大繁复、典雅厚重的周乐，心思细腻且洞见惊人的季札又是如何解读的呢？

音乐·人心·治乱

前544年,吴公子札聘问鲁国,请求观赏周朝的乐舞。鲁襄公安排乐工们奏起弦乐,首先为他歌唱了《周南》与《召南》。季札由衷地称赞:

> 美哉!始基之矣,犹未也。然勤而不怨矣!

美好啊!开始为王业奠基了,虽然还没有成功,然而百姓辛劳却不怨恨!

与今本《诗经》的顺序相同,《周南》《召南》编排在最前面。这充分彰显了它俩独特的地位。回溯西周初期,为了巩固新生王朝的统治,天子坐镇王畿镐京,股肱之臣周公旦和召公奭则立柱为界,分陕(今河南省三门峡市陕县)而治。周公统领东方诸侯,开拓新的领地;召公经营黄河中游,扫除后顾之忧。"二南"便出自于二公治下的南部地域。

《周南》中的第一首诗,也即"诗三百"的门面,是为《关雎》。其辞曰:

> 关关雎鸠,在河之洲。窈窕淑女,君子好逑。
> 参差荇菜,左右流之。窈窕淑女,寤寐求之。
> 求之不得,寤寐思服。悠哉悠哉,辗转反侧。
> 参差荇菜,左右采之。窈窕淑女,琴瑟友之。
> 参差荇菜,左右芼之。窈窕淑女,钟鼓乐之。

全篇以关雎起兴。雎鸠雌雄相从,关关相和,引发了君子追求淑女的种种心绪。节奏和谐而明快,情感含蓄且真挚。

我们不妨遥想,当年季札听见的就是这样"乐而不淫、哀而不伤"的歌词,还自带中正平和的背景音乐。受到"二南"情绪的感染,他仿佛看见百姓为了国家辛勤劳碌,但是毫无怨言,充满了朝气和希望,周朝的制度就此夯下了坚实的基础。

继"二南"之后,乐工们演奏、歌唱起了《邶》《鄘》《卫》,季札击节叹赏:

> 美哉,渊乎!忧而不困者也。吾闻卫康叔、武公之德如是,是其《卫风》乎?

美好又深厚啊!忧虑而不为所困。我听说卫康叔、武公的德行就像这样,这恐怕是《卫风》吧!

《邶风》《鄘风》《卫风》都产生于春秋初年的卫国地区。周武王灭商后,为了妥善安置殷商故地的遗民,便将商朝王畿分为了邶、鄘、卫三地。武王封纣王之子武庚于邶,以抚慰民心;同时封自己的弟弟管叔于鄘,另一名弟弟蔡叔于卫,作为制衡。

不久,周武王病逝。继位的成王年纪尚幼,遂由叔父周公辅政。可这样一来,引起了武王诸弟管叔、蔡叔、霍叔们的集体疑忌,流言甚嚣尘上。中唐白居易为此写过一首饶有哲理的诗歌《放言》(其三):

> 赠君一法决狐疑,不用钻龟与祝蓍。试玉要烧三日满,辨材须待七年期。周公恐惧流言日,王莽谦恭未篡时。向使当初身便死,一生真伪复谁知?

颈联形象地道破了周公当时的尴尬处境。

武庚趁势发动叛乱，拉拢"三叔"，煽动东夷部落，声势极为浩大。不得已，周公亲自东征。先沿武王伐纣的路线行军，直取故商王畿，攻杀武庚，诛灭管叔，放逐蔡叔，贬霍叔为庶人。随后继续东进，最终翦灭诸夷，总共历时三年时间。

叛乱平息以后，周公合邶、鄘、卫三地为一。其弟康叔因为参与戡乱，立有大功，被封在此处，建立起来新的卫国。卫康叔甚得周公的信任，其后人亦把对周王室的忠诚贯彻始终。西周末年，犬戎之乱爆发，周幽王兵败身死。年逾八十的卫武公不辞劳苦，领兵勤王，又与郑庄公一起辅佐周平王东迁洛邑。

季札对卫国的历史谙熟于心，因此一边观乐，一边称颂卫康叔和卫武公的仁德。

实际上，由于卫地严格来说算是殷商故土，因此人们的精神面貌、文化状况同周王朝统治严密的地区还是存在明显的差别。《邶风》《鄘风》《卫风》就不像《周南》《召南》那样温柔敦厚，常有情感炽烈、大胆泼辣的作品。

例如，许多人熟悉的《卫风·氓》。这是一首典型的弃妇诗，叙述了女主人公和丈夫恋爱、结婚、受虐、被弃的全过程，表达了自己的悔恨和决绝。音调铿锵，呼声悲怆，富有强大的艺术感染力。

继《邶》《鄘》《卫》之后，乐工们开始演绎《王》。季札不胜感慨：

美哉！思而不惧，其周之东乎？

美好啊！忧思而不惧怕，恐怕是周室东迁以后的音乐吧！

诚如季札所言,《王风》全都是周平王东迁以后的作品。"王"字特指东周王畿,亦即洛邑地区。伴随着周王室地位逐渐下降,歌诗的气象格局自然也缩小了不少。虽不至于怨愤悲啼,但也弥漫开或浓或淡的忧伤。《黍离》是其中的翘楚:

> 彼黍离离,彼稷之苗。行迈靡靡,中心摇摇。知我者,谓我心忧;不知我者,谓我何求。悠悠苍天,此何人哉?
> 彼黍离离,彼稷之穗。行迈靡靡,中心如醉。知我者,谓我心忧;不知我者,谓我何求。悠悠苍天,此何人哉?
> 彼黍离离,彼稷之实。行迈靡靡,中心如噎。知我者,谓我心忧;不知我者,谓我何求。悠悠苍天,此何人哉?

西周灭亡后,故都残破,人世沧桑。后有东周大夫行役路过镐京,发现昔日宫室之所在,已经遍地禾黍。他因此忧思郁结,难以化解,创作了这首情调悲凉的歌诗。"黍离之悲"遂成为千载之下,国破家亡者共通的情思。

继《王》之后,乐工们开始演绎《郑》。季札一声叹息:

> 美哉!其细已甚,民弗堪也。是其先亡乎?

美好啊!但是它琐碎得太过分了,百姓不堪忍受。这恐怕是要先灭亡了!

在当时的华夏诸侯之中,数卫国和郑国在音乐上最有特色,引领时尚。战国初年,魏文侯曾对孔子的学生子夏坦言,我听见传统音乐就昏昏欲睡,而听到郑、卫之音就不知疲倦。借此可以想象其魅力。

尤其是郑声。它新鲜活泼、热情奔放,还特别喜欢男欢女爱。例如,《郑风·野有蔓草》有云:

野有蔓草,零露漙兮。有美一人,清扬婉兮。邂逅相遇,适我愿兮。

野有蔓草,零露瀼瀼。有美一人,婉如清扬。邂逅相遇,与子偕臧。

几乎不用翻译,我们都能感受到其中的浓情蜜意。因此审美观念中庸的孔子就旗帜鲜明地予以反对:"恶紫之夺朱也;恶郑声之乱雅乐也;恶利口之覆邦家者。"

确实,《郑风》大多都在抒发男女之间的感情,几乎不涉及时事。这多少也能反映出当地的风化和政情。季札从这个角度批评了郑声的琐碎和苛细,并随口抛出了一则预言:百姓不堪忍受。这恐怕是要先灭亡了!果然一语成谶,刚刚进入战国,郑国就被韩国吞并了。

此后,季札逐一品鉴了《齐风》《豳风》《秦风》《魏风》《唐风》《陈风》《桧风》等,或者赞叹音乐的气魄,或者称道君主的德行,或者回顾前贤的历史,又或者推测国家的运势,各有精妙的点评。

欣赏《小雅》时,季札明显体察到了周王朝的衰颓。在这一组歌诗中,固然有"呦呦鹿鸣,食野之苹。我有嘉宾,鼓瑟吹笙"似的欢娱祥和(《小雅·鹿鸣》);却也流露出"昔我往矣,杨柳依依。今我来思,雨雪霏霏"般的伤痛与愁苦(《小雅·采薇》)。

欣赏《大雅》和《颂》,季札沉醉在抑扬曲折的旋律和深广恢宏的内容当中;欣赏周文王乐舞《象箾》《南籥》,季札遗憾文王没能得享天下太平；欣赏周武王乐舞《大武》，季札振奋于武王之开国与周初的隆盛；欣赏汤的《韶濩》舞，季札惋惜商汤讨伐夏桀，终有以下犯上的遗憾；欣赏禹的《大夏》舞，季札颂扬大禹劳苦功高而不自居；及至欣赏到舜的《韶箾》舞，季札极受震撼，连称：

虽甚盛德，其蔑以加于此矣。观止矣。若有他乐，吾不敢请已！

即使还有高尚的功德，恐怕不能比这有所增加了。观赏就到这里了。如果还有其他乐诗，我不敢请求（观赏）了。

一场酣畅淋漓的视听盛宴，就此画上了休止符。余音袅袅，散入岁月，直到两千五百多年后的今天，仍能听见遥远的回响。

原文注译

吴公子札①来聘②，请观于周乐③。使工④为之歌⑤《周南》《召南》⑥，曰："美哉！始基之⑦矣，犹未⑧也。然勤⑨而不怨矣。"为之歌《邶》《鄘》《卫》⑩，曰："美哉，渊⑪乎！忧而不困⑫者也。吾闻卫康叔⑬、武公⑭之德如是，是其《卫风》乎？"为之歌《王》⑮，曰："美哉！思而不惧⑯，其周之东⑰乎？"为之歌《郑》⑱：

吴公子札访问鲁国，请求观赏周朝的乐舞。（鲁襄公）让乐工为他歌唱《周南》《召南》，（公子札）说："美好啊！开始为王业奠基了，虽然还没有成功，然而百姓辛劳却不怨恨！"为他歌唱《邶》《鄘》《卫》，（他）说："美好又深厚啊！忧虑而不为所困。我听说卫康叔、武公的德行就像这样，这恐怕是《卫风》吧！"为他歌唱《王》，（他）

曰:"美哉!其细⑲已⑳甚,民弗堪也。是其先亡㉑乎?"

说:"美好啊!忧思而不惧怕,恐怕是周室东迁以后的音乐吧!"为他歌唱《郑》,(他)说:"美好啊!但是它琐碎得太过分了,百姓不堪忍受。这恐怕是要先灭亡了!"

注 释

① 吴公子札:即季札,吴王寿梦第四子。姬姓,名札,封于延陵,又称延陵季子。　② 来聘:指访问鲁国。《左传》以鲁国视角来记史,故称来聘。聘,访问。　③ 周乐:周王室的乐舞。周成王曾赐给鲁国以天子之乐,所以在鲁国可以欣赏到周乐。　④ 工:乐工。　⑤ 歌:弦歌。歌有徒歌与弦歌。徒歌即清唱,弦歌即以乐曲伴奏歌唱。　⑥《周南》《召(shào)南》:《周南》和《召南》为今本《诗经》开头两部分,是周、召二地的乐诗。周、召是周公、召公最初的封地。后来长江、汉水、汝水一带隶属周朝版图,即由周公、召公分别管辖,因此,这里的乐歌被称为《周南》和《召南》。　⑦ 基之:指为王业奠定基础。过去有人认为,《周南》《召南》产生的时代较早,是周文王教化百姓的开始。　⑧ 犹未:指尚未成功。　⑨ 勤:辛劳。　⑩《邶(bèi)》《鄘(yōng)》《卫》:即《邶风》《鄘风》《卫风》,采自这三个诸侯国的乐诗。周武王灭商之后,为了安置殷商遗民,将商王畿之地分为邶、鄘、卫三地。邶,周武王封殷纣王之子武庚于此,故地在今河南省汤阴县东南;鄘,周武王之弟管叔的始封之地,故地在今河南省汲县东北;卫,周武王之弟蔡叔的始封之地,故地包括今河南省北部和河北省南部。后来三国叛周,周公平定之,将其版图并入卫,尽封其弟康叔。　⑪ 渊:深。　⑫ 忧而不困:忧虑而不为所困。

卫武公时，恰逢西周末年幽王犬戎之难，故称"忧"。尔后武公助王室平戎，故云"不困"。　⑬卫康叔：西周卫国第一代国君。周武王之弟，姬姓，名封。　⑭武公：西周卫国第十一代国君。卫康叔的九世孙，姬姓，名和。传说康叔与武公都是卫国的贤君。　⑮《王》：即《王风》，采自王城洛邑一带的乐诗。洛邑本为西周的东都，平王东迁后定都此地，故地在今河南省洛阳市。　⑯思而不惧：忧思而不惧怕。西周已经陨灭，故乐诗中含有忧思。但《王风》尚存先王遗风，故称"不惧"。　⑰周之东：指平王东迁以后的乐诗。　⑱《郑》：即《郑风》，采自郑国的乐诗。春秋郑国在今河南省新郑、郑州、荥阳一带。　⑲细：《郑风》诗多言男女间琐碎之事，有关政治极少。当地风化如此，政情可见一斑。故下文称百姓不堪忍受。一说"细"象征郑国政令苛细烦琐。　⑳已：太。　㉑先亡：郑亡于前376年，时间较早。

为之歌《齐》①，曰："美哉！泱泱②乎，大风③也哉！表东海④者，其大公⑤乎？国未可量⑥也。"为之歌《豳》⑦，曰："美哉，荡⑧乎！乐而不淫⑨，其周公之东⑩乎？"为之歌《秦》⑪，曰："此之谓夏声⑫。夫能夏则大⑬，大之至也。其周之旧⑭乎？"为之歌《魏》⑮，曰："美哉，沨沨⑯乎！大而婉⑰，险而

为他歌唱《齐》，（他）说："美好啊！深广宏大啊，这是大国的音乐！给东海诸国作表率的，恐怕是姜太公吧！国运无法估量。"为他歌唱《豳》，（他）说："美好啊！博大啊！欢乐而不过分，恐怕是周公东征时的音乐吧！"为他歌唱《秦》，（他）说："这就叫夏声！能演奏夏声，气势自然宏大，大到极点了！恐怕是西周旧地的乐

季札观周乐·199·

易行⑱。以德辅此，则明主也。"为之歌《唐》⑲，曰："思深⑳哉！其有陶唐氏㉑之遗民乎？不然，何忧之远也？非令德㉒之后，谁能若是㉓？"为之歌《陈》㉔，曰："国无主㉕，其能久乎？"自《郐》㉖以下无讥㉗焉。

曲吧！"为他歌唱《魏》，（他）说："美好啊！轻盈飘逸啊！粗犷而又婉转，节拍急促却容易歌唱，用德行辅助他，就是贤明的君主了。"为他歌唱《唐》，（他）说："思虑很深啊！恐怕有陶唐氏的遗民吧！否则，为何忧思那么深远呢？不是拥有美德者的后代，谁能像这样？"为他歌唱《陈》，（他）说："国家没有主人，难道能够长久吗？"从《郐》以下，（公子札）没有评论了。

注　释

① 《齐》：即《齐风》，采自齐国的乐诗。春秋时的齐国包括今山东省东北部和中部。　② 泱（yāng）泱：深广宏大。　③ 大风：大国的音乐。　④ 表东海：为东海诸国之表率。表，作……表率。　⑤ 大公：即姜太公，齐国始封之君。姜姓，吕氏，名尚，字子牙。传说周文王在渭水滨遇见姜尚，说"吾太公望子久矣"，故称"太公望"。　⑥ 量（liáng）：估量。　⑦ 《豳（bīn）》：即《豳风》，采自豳地的乐诗。豳，在今陕西省旬邑县西。相传周代祖先曾在此立国。　⑧ 荡：博大的样子。　⑨ 乐而不淫：欢乐而不过分，指有节制。淫，过度，过多。　⑩ 周公之东：指西周初年，周公东征一事。公子札评论《豳风》称"周公之东"，

与上文评论《王风》称"周之东"意思不同,盖因《豳风》为西周作品,而《王风》为东周作品,故分别以西周初年周公东征、东周初年平王东迁二事附会。按:周武王亡故,周成王继位,时年十三岁,周公辅助成王理政。但是,武王之弟管叔、蔡叔和霍叔不服,遂散布谣言,诬周公要篡夺天子之位。进而与纣王之子武庚纠合,联络殷商贵族,煽动东夷部落,联合起兵反叛,史称"三监之乱"。周公在召公(武王之弟)的支持下,率军东征。先沿武王伐纣路线直取朝歌,击溃武庚所部,攻占管叔、蔡叔治地,杀武庚、诛管叔、逐蔡叔,贬霍叔为庶人;继之进兵东南,攻徐、淮等九夷,灭熊、盈族十七国,迁殷民于洛邑(今洛阳市);最后挥师北上,迫使奄国投降。尔后,蒲姑等国也相继降服。至此,历时三年的东征胜利结束。　⑪《秦》:即《秦风》,采自秦国的乐诗。春秋时期的秦国,在今陕西省、甘肃省一带。　⑫ 夏声:指西方的乐诗。古时称西方为夏。秦在中原以西。　⑬ 能夏则大:指能演奏夏声,气势自然宏大。"夏"字在古时,有"大"的含义。　⑭ 周之旧:指西周旧地的乐曲。平王东迁后,秦国逐渐占有西周旧地。　⑮《魏》:即《魏风》,采自魏国的乐诗。西周和春秋时期的魏国在今山西省芮城县。前661年为晋所灭。　⑯ 渢(fēng)渢:指诗乐轻盈飘浮。　⑰ 大而婉:粗犷而又婉转。大,粗。《魏风》多讽刺诗,但言辞较婉和。　⑱ 险而易行:节拍急促却容易歌唱。险,迫促,狭隘。一说"险"同"俭",全句意谓朴素而流畅。象征其地政令习俗,虽艰难但推行甚易。　⑲《唐》:即《唐风》,采自唐地的乐诗。唐,在今山西省南部。　⑳ 思深:思虑很深。　㉑ 陶(táo)唐氏:即唐尧,传说中父系氏族社会后期的部落联盟首领。姬姓,名放勋,号陶唐氏,传位于舜。　㉒ 令德:美德。　㉓ 若是:像这样。　㉔《陈》:即《陈风》,采自陈国的乐诗。春秋陈国,在今河南省东南部及安徽省北部。　㉕ 国无主：国家没有主人。按：六十余年后，陈国为楚国所灭。 ㉖《郐（kuài）》：即《郐风》，采自郐国的乐诗。郐本为妘（yún）姓国，后为郑武公所灭，故地在今河南省郑州市南。《诗经》中《郐风》以下还有《曹风》。 ㉗讥：评论。

为之歌《小雅》①，曰："美哉！思而不贰②，怨而不言③，其周德之衰乎？犹有先王之遗民焉。"为之歌《大雅》④，曰："广⑤哉，熙熙⑥乎！曲而有直体⑦，其文王⑧之德乎？"

为他歌唱《小雅》，（他）说："美好啊！哀思但无二心，怨恨但不直言，恐怕是周朝德行衰微时的乐诗吧！还是有先王的遗民在那儿。"为他歌唱《大雅》，（他）说："深广啊！和美啊！乐曲抑扬曲折而本体刚健劲直，恐怕是文王的德行吧！"

注 释

①《小雅》：主要是先秦时代贵族的诗歌作品，也有些是民间歌谣。大部分出于西周晚期，小部分是东周时期的作品。 ②思而不贰：哀思但无二心。思，哀思。贰，二心。 ③怨而不言：怨恨但不直言。 ④《大雅》：西周贵族的诗歌作品。 ⑤广：深广，宽广。 ⑥熙熙：和乐，和美。 ⑦曲而有直体：指乐曲抑扬顿挫，而本体刚健劲直。 ⑧文王：指周文王，周朝奠基者。姬姓，名昌，谥号为"文"。

为之歌《颂》①，曰："至②矣哉！直而不倨③，曲而不屈④，迩而不逼⑤，远而不携⑥，迁而不淫⑦，复而不厌⑧，哀而不愁⑨，乐而不荒⑩，用而不匮⑪，广而不宣⑫，施而不费⑬，取而不贪⑭，处而不底⑮，行而不流⑯。五声⑰和⑱，八风⑲平⑳，节㉑有度，守㉒有序，盛德之所同㉓也。"

为他歌唱《颂》，（他）说："到极致了！刚直而不倨傲，委婉而不屈折；亲近而不侵迫，疏远而不离心；变化而不过分，反复而不厌倦；哀伤而不忧愁，欢乐而不荒淫；使用而不匮乏，宽广而不显露；施与而不耗损，求取而不贪婪；静止而不停滞，行进而不流荡。五声和谐，八风协调。节奏有一定尺度，（乐器都）保持一定次序。（这是）盛德之人共有的（品质）。

注 释

① 《颂》：贵族用于祭祀的作品，有《周颂》《鲁颂》《商颂》。　② 至：极致，顶点。　③ 直而不倨：刚直而不倨傲。倨，倨傲，放肆。　④ 曲而不屈：委婉而不屈折。不屈，不屈不挠。　⑤ 迩而不逼：亲近而不侵迫。迩，亲近。逼，侵迫。　⑥ 远而不携：疏远而不离心。携，离心。　⑦ 迁而不淫：变化而不过分。迁，变化。　⑧ 复而不厌：反复而不厌倦。厌，令人厌倦。　⑨ 哀而不愁：哀伤而不忧愁。　⑩ 乐而不荒：欢乐而不荒淫。荒，过度，无节制。　⑪ 用而不匮：使用而不匮乏。　⑫ 广而不宣：宽广而不显露。宣，显露，张扬。　⑬ 施而不费：施与而不耗损。费，耗损。　⑭ 取而不贪：求取而不贪婪。　⑮ 处而不底：静止而不停滞。处，不动。底，停滞。　⑯ 行而不流：行进而不流荡。　⑰ 五声：也称五音。指五声音阶中的宫、商、角、徵（zhǐ）、羽五个音阶。　⑱ 和：

和谐。　⑲八风：也称八音。指金、石、土、革、丝、木、匏（páo）、竹八类乐器。一说指八方之乐。　⑳平：协调。　㉑节：节拍，节奏。　㉒守：保持。　㉓盛德之所同：盛德之人所共有的。按：《颂》有《周颂》《鲁颂》《商颂》。《周颂》为周初作品，赞扬文、武、成诸王；《鲁颂》为颂春秋鲁僖公之作；《商颂》为颂春秋宋襄公之作。皆宗庙乐歌，《毛诗序》称："美盛德之形容以其成功告于神明。"

见舞《象箾》①《南籥》②者，曰："美哉！犹有憾③。"见舞《大武》④者，曰："美哉！周之盛也，其若此乎！"见舞《韶濩》⑤者，曰："圣人之弘⑥也，而犹有惭德⑦，圣人之难⑧也。"见舞《大夏》⑨者，曰："美哉！勤而不德⑩，非禹，其谁能修之⑪？"见舞《韶箾》⑫者，曰："德至矣哉，大矣！如天之无不帱⑬也，如地之无不载也。虽甚盛德，其蔑⑭以加于此矣。观止矣！若有他乐，吾不敢请已⑮！"

（公子札）看到跳《象箾》《南籥》舞，说："美好啊！但还有遗憾。"看到跳《大武》舞，说："美好啊！周朝的隆盛，恐怕就像这样吧！"看到跳《韶濩》舞，说："圣人那样的宏大，尚且还有所惭愧，圣人不容易啊！"看到跳《大夏》舞，说："美好啊！辛劳而不自以为有德，不是禹还有谁能创此乐舞呢？"看到跳《韶箾》舞，说："功德到达极致了！伟大啊！像上天无不覆盖，像大地无不承载。即使还有高尚的功德，恐怕不能比这有所增加了。观赏就到这里了。如果还有其他乐诗，我不敢请求（观赏）了！"

注　释

① 《象箾（shuò）》：执竿而舞，好像作战时击刺的动作，是一种武舞。箾，竹竿。一说，"箾"同"箫"，即"排箫"。　② 《南籥（yuè）》：以籥伴奏的舞蹈，是一种文舞。籥，古管乐器，即"箫"。　③ 犹有憾：但还有遗憾。按：《象箾》和《南籥》都是歌颂周文王的乐舞。周文王没有来得及见到天下太平，故称"犹有憾"。　④ 《大武》：歌颂周武王的乐舞。周武王，西周开国君主。姬姓，名发，谥号为"武"。　⑤ 《韶濩（huò）》：歌颂商汤的乐舞。商汤，即成汤，商朝开国君主。子姓，名履。　⑥ 弘：宏大，伟大。　⑦ 惭德：言行有缺失而内愧于心。　⑧ 圣人之难：圣人处世不容易。按：公子札认为商汤讨伐夏桀为以下犯上，所以用"犹有惭德"来表示遗憾。　⑨ 《大夏》：歌颂夏禹的乐舞。夏禹，夏朝开国君主。姒姓，名文命。　⑩ 不德：不自以为有德。　⑪ 修之：创此乐舞。　⑫ 《韶箾（xiāo）》：一作"箫韶"。虞舜时的乐舞。虞舜，传说中的古代帝王。　⑬ 帱（dào）：覆盖。　⑭ 蔑（miè）：无。　⑮ 已：同"矣"。

文史常识

⊙什么是《诗经》六义？

《诗经》是我国第一部诗歌总集，原名《诗》，或称"诗三百"，共有305篇，另有6篇笙诗，有目无辞。全书主要收集了周初至春秋中叶（约前11世纪～前6世纪）五百多年间的作品。产生的地域，约相当于今天的陕西省、山西省、河南省、河北省、山东省及湖北省北部一带。作者包括从贵族到平民的社会各个阶层的人士,绝大部分已不可考。汉人认为它经过孔子的删定,儒家将其奉为经典,故称《诗经》。

《诗经》根据音乐的不同,分为"风""雅""颂"三类,并普遍运用"赋""比""兴"的表现手法。此即《诗经》"六义"。

"风"为风土之音,相当于各地的乐歌。计有《周南》《召南》《邶风》《鄘风》《卫风》《王风》《郑风》《齐风》《魏风》《唐风》《秦风》《陈风》《桧风》《曹风》《豳风》等十五国风,共160篇。豳风基本为西周作品,而其余大都作于春秋前、中期。

"雅"为朝廷之音,主要用于燕飨和娱乐。其中,《大雅》31篇,多作于西周初期,作者大都是上层贵族,节奏较繁;《小雅》74篇,多作于西周末期,作者有下层贵族与地位低微者,节奏略简。

"颂"为宗庙之音,亦即祭祀的舞乐。《周颂》31篇,作于西周初期;《鲁颂》4篇,作于春秋中叶鲁僖公时;《商颂》5篇,作于殷商中后期,一说产生于春秋宋国(宋君为商人后裔)。

"赋"即"敷陈其事而直言之",诗人把思想感情和相关的内容用平铺直叙的方式表达出来,可以是叙事描写,也可以有议论抒情。例如《卫风·氓》就大量使用了赋的手法,铺叙了女主人公和丈夫恋爱、结婚、受虐、被弃的全过程,表达了自己的悔恨和决绝。

"比"即"以彼物比此物",借助别的事物来打比方。例如,《卫风·硕人》形容女子的貌美,接连出现了一系列比喻:"手如柔荑,肤如凝脂,领如蝤蛴,齿如瓠犀,螓首蛾眉。"又如《魏风·硕鼠》,直接将贪得无厌的剥削者比作大老鼠。

"兴"即"先言他物以引起所咏之辞",往往应用在诗歌的开头,起到调节韵律、唤起情绪,或者烘托渲染环境氛围的作用。例如,《周南·桃夭》在描述新娘出嫁的热闹场面前,先用茂盛、艳丽的桃花起兴:"桃之夭夭,灼灼其华。之子于归,宜其室家。"又如《秦风·蒹葭》在抒发对意中人的思念前,渲染了深秋河滨凄迷的景致:"蒹葭苍苍,白露为霜。所谓伊人,在水一方。"

"赋""比""兴"在诗歌的实际创作中,往往交互使用,融为一体。

文言语法

⊙省略句

我们在写作文章的时候,无论是使用文言文,还是使用白话文,都会结合语言环境和表达习惯省略一些字词,否则就太啰唆了。——譬如这句话,如果"完整"地叙述,或许应该呈现为:"我们在写作文章的时候,无论是使用文言文,还是使用白话文写作,我们都会结合语言环境和表达习惯省略一些字词,否则文章就太啰唆了。"

当然,相较之现代汉语,古代汉语更喜欢省略句子成分。细读本篇《季札观周乐》,我们就能识别出大量的省略句。文章一开头有"吴公子札来聘,请观于周乐。使工为之歌《周南》《召南》,曰:'美哉!……'"云云,文字简练,结构紧凑,然而句子成分并不完整。故在阅读和翻译的时候,读者需要自行"脑补"两处主语:"吴公子札访问鲁国,请求观赏周朝的乐舞。(鲁襄公)让乐工为他歌唱《周南》《召南》,(公子札)说:'美好啊!……'"

实际上,文言文的省略内容非常广泛,可以是主语、谓语、宾语和部分介词;省略方式十分灵活,有前文出现于是后文不复赘述,或后文将有而前文干脆不写,亦可在交替对话中略去双方都知晓的信息……这会给我们的阅读带来一定的麻烦。

那么反过来，我们翻开一本古籍后，一定要有"东张西望""前后顾盼"的意识。在把握主要内容、疏通行文逻辑的基础上，参考上下文的字词，"读全"每一句话。

我们总结一下文言文中常见的省略句。

第一，省略主语。

①屈原者，名平，楚之同姓也。为楚怀王左徒。博闻强志，明于治乱，娴于辞令。（司马迁《史记·屈原列传》）

翻译时应补足主语。翻译为：屈原名平，与楚国王族同姓。（屈原）担任过楚怀王的左徒。（他）知识广博，记忆力强，通晓治理国家的道理，熟悉外交辞令。

②诚宜开张圣听，以光先帝遗德，恢弘志士之气。（诸葛亮《出师表》）

翻译时应补足主语。翻译为：（陛下）确实应当广泛听取意见，来光大先帝遗留下的美德，发扬志士的气魄。

③停数日，辞去。既出，得其船。（陶渊明《桃花源记》）

翻译时应补足主语。翻译为：（渔人）停留了几天，向桃花源中的人告辞离去。（渔人）走出山洞，找到自己的船。

④永州之野产异蛇，黑质而白章，触草木，尽死。（柳宗元《捕蛇者说》）

翻译时应补足主语。翻译为：永州的野外出产一种异蛇，（异蛇）有黑色的质地和白色的花纹，（异蛇）碰到草木，（草木）全都枯死。

⑤是月丁未，与知府朱孝纯子颍由南麓登。（姚鼐《登泰山记》）

翻译时应补足主语。翻译为：这月丁未日，（我）和泰安知府朱孝纯从南边的山脚登山。

第二，省略谓语。

①一鼓作气，再而衰，三而竭。（《左传·曹刿论战》）

翻译时应补足谓语。翻译为：第一次擂鼓能够振作士气；第二次（擂鼓）士气就衰落了；第三次（擂鼓）士气就穷尽了。

②于是相如前进缶，因跪请秦王。秦王不肯击缶。（《史记·廉颇蔺相如列传》）

翻译时应补足谓语。翻译为：此时蔺相如向前进献瓦缶，并跪请秦王（敲击瓦缶）。秦王不肯敲击瓦缶。

③臣客屠者朱亥可与俱，此人力士。（《史记·魏公子列传》）

翻译时应补足谓语。翻译为：我的朋友屠夫朱亥可以跟您一起（前往），这个人是个大力士。

④余则缊袍敝衣处其间。（宋濂《送东阳马生序》）

翻译时应补足谓语。翻译为：我却（穿着）旧棉袍、破衣服处于他们之间。

⑤入其舍，则密室垂帘。（蒲松龄《聊斋志异·促织》）

翻译时应补足主语和谓语。翻译为：（成名的妻子）走进巫婆的屋子，（看到）密室里垂挂着帘子。

第三，省略宾语。

①医之好治不病以为功。（《韩非子·扁鹊见蔡桓公》）

即"医之好治不病以（之）为功"，翻译为：医生喜欢治疗没病的人，把（治好病）当作自己的功劳。

②欲呼张良与俱去。（《史记·项羽本纪》）

即"欲呼张良与（之）俱去"，翻译为：（项伯）想要叫张良和（他）一起离开。

③终不敢搏。（柳宗元《黔之驴》）

即"终不敢搏（之）"，翻译为：（老虎）始终不敢搏击（驴）。

④令作诗，不能称前时之闻。（王安石《伤仲永》）

即"令（其）作诗，不能称前时之闻"，翻译为：（我）让（他）写诗，（写出来的诗）已经不能与从前的名声相称。

⑤黄生允修借书。随园主人授以书。（袁枚《黄生借书说》）

即"黄生允修借书。随园主人授（之）以书"，翻译为：读书人黄允修来借书。我把书交给（他）。

第四，省略介词，多为"于"字和"以"字（可参考《文言语法·状语后置》一节）。

①将军战河北，臣战河南。（司马迁《史记·项羽本纪》）

即"将军战（于）河北，臣战（于）河南"，翻译为：将军（在）河北作战，我（在）河南作战。

②入于太庙，还矢先王。（欧阳修《新五代史·伶官传序》）

即"入于太庙，还矢（于）先王"，翻译为：（后唐庄宗）进入宗庙，把箭交还（到）先王灵前。

③荆州之民附操者，逼兵势耳。（司马光《资治通鉴·赤壁之战》）

即"荆州之民附操者，逼（于）兵势耳"，翻译为：依附曹操的荆州百姓，是（被）武力胁迫的。

④秦王购之金千斤，邑万家。（《战国策·荆轲刺秦王》）

即"秦王购之（以）金千斤，邑万家"，翻译为：秦王（用）千斤黄金、万户封邑来悬赏他。

⑤试与他虫斗，虫尽靡。又试之鸡。（蒲松龄《聊斋志异·促织》）

即"试与他虫斗，虫尽靡。又试之（以）鸡"，翻译为：试着和别的蟋蟀搏斗，蟋蟀们都被斗败了。又（用）鸡来试着搏斗。

子产论政宽猛

选自《左传·昭公二十年》

人物关系

子产 ——————— **子大叔**
春秋时期郑国执政卿　　　　　继子产为郑国执政卿

文章导读

小说《三国演义》里,仙风道骨的水镜先生向困居新野的刘备推荐了诸葛亮。称赞孔明志存高远,"每常自比管仲、乐毅,其才不可量也"。话音刚落,熟读《春秋》的关羽不禁心生疑惑,提出了质疑:管仲、乐毅乃春秋战国时候的大牛人,名垂竹帛,功盖寰宇。孔明居然敢自比这两位,是不是太自信了?

水镜先生莞尔一笑,说:"以吾观之,不当比此二人。"关羽脸上写满"果然不出我之所料"。结果水镜先生话锋一转:"可比兴周八百年之姜子牙、旺汉四百年之张子房也。"把孔明拔高到半人半仙的存在,三兄弟全都惊呆了。

随后的故事情节，大家应该都不陌生。三顾茅庐，火烧新野，舌战群儒，赤壁鏖兵，三气周瑜，守荆州，入西川，白帝城，擒孟获，《出师表》，一直到秋风五丈原，死诸葛吓走活仲达……当然，这些都是小说家言。

问题来了，盖棺论定，诸葛亮究竟是管仲、乐毅的化身，还是姜子牙、张子房的继承人呢？或者，有没有一种可能，诸葛亮其实很像春秋时期郑国的执政卿子产。

诸葛亮亡故后，蜀汉史官陈寿整理了他的文章、兵书、奏折等，合为二十四篇，共计十万四千一百一十二字。随后做了一番评价："亮之器能政理，抑亦管、萧之亚匹也""盖天命有归，不可以智力争也。""其秋病卒，黎庶追思"，即使是"郑人之歌子产，无以远譬也"。陈寿一方面赞赏孔明的理政能力，认为可以与管仲、萧何比肩，但毕竟人力终有穷尽，不能逆天改命；另一方面则提到，孔明病逝后，巴、蜀地区的老百姓无比追思他，如同当初郑人讴歌子产。

无独有偶，三国后期，东吴的大鸿胪张俨冷眼旁观蜀汉、曹魏连年交战，忍不住生发感慨：诸葛亮"起巴、蜀之地，蹈一州之土，方之大国，其战士人民，盖有九分之一也"，却能"提步卒数万，长驱祁山，慨然有饮马河、洛之志"；反观司马懿"据天下十倍之地，仗兼并之众，据牢城，拥精锐，无禽敌之意，务自保全而已"。最后，得出了结论，"昔子产治郑，诸侯不敢加兵，蜀相其近之矣"。孔明治蜀，宛如子产治郑。

为了让当时和后世的人充分理解诸葛亮的了不起，三国两晋的学者们很自觉地找到了春秋时期郑国的子产来进行类比。时至今日，经由戏曲、小说、电影、电视剧和游戏的推波助澜，诸葛亮早就原地封神。生前鞠躬尽瘁、神机妙算，死后万人敬仰、羽化登仙。那么我们不妨反过来，借助蜀相孔明的人物形象，来遥想郑卿子产的风姿神采。

子产而死，谁其嗣之

前544年，吴公子札欣赏完鲁国的音乐会，继续游历中原。先来到齐国，拜晤了晏子，彼此交换了对时局的看法，相互钦佩。随后折返至郑国，受到子产的接待，两人一见如故，甚为欢悦，向对方赠送了礼物，并留下"侨、札之好"的一段佳话。

札，指公子札；而侨，就是公孙侨，字子产。公子、公孙这种充满贵气的称谓，标识着他们显赫的出身。在当时，各国顶层贵族有一套特殊的命名规则：天子之子称王子，天子之孙称王孙——当初王孙满还是个小朋友，就有机会在周襄王的面前吐槽秦师，显然凭借的是这层亲近的血缘关系。

与之类似，诸侯之子称公子，公子之子称公孙。公孙之子则别立门户，一般用公子的"字"作为自己的"氏"。譬如，公孙侨（字子产）的父亲是公子发（字子国）；公子发的父亲是国君郑穆公；而公孙侨的儿子就不再隶属于诸侯家族，遂以"国"为氏，闯荡江湖，叫作国参。

那一年，公子札仿佛提前翻看过春秋最后几出戏的剧本，对子产的人生做出了精准的预言："郑国的执政者太奢侈了，祸难即将发生。国事一定会交托到您的手里。您执政后，务必用礼来谨慎地处事。否则，郑国将会败亡。"

第二年，郑国果然爆发内乱，群大夫攻伐戕杀，朝野一片血腥。事变终于平息后，态度中立而处事公允的子产获得上下信任，开始执掌郑国的国政。

此时的郑国，北倚晋国，南临楚国，夹在两个庞然大物之间，成为霸主争衡交锋的前线，被连年战事搅扰得疲惫不堪。域内已经民穷财尽，盗贼蜂起；朝中更是君主懦弱，大夫专横。较之管理其他国家，治郑堪称地狱级难度。

执政卿子产接盘以后，在长达二十一年的时间里，聚拢勋贵，任用贤才。对外善修辞令，周旋于列国之间，从容应对诸侯；对内远离天道鬼神，近听人言，勉力修明法度，治军强兵，富国足民。让郑国在春秋的尾巴上，绽放了最后几许光彩。

置身于"国之大事，在祀与戎"的环境里，子产不愿过多谈论鬼神和天道。郑国曾经遇到洪灾，水势汪洋。国都城门外的深渊里，据说有龙在争斗。国人请求子产前往祭祀，以便求福禳灾。子产断然拒绝，说，我们争斗，龙不来看；龙争斗，我们干吗凑热闹？我们对龙没有什么要求，龙也不会对我们有要求。

职业占星师裨灶有一次提醒子产，宋、卫、陈、郑将在同一日发生大火，如果用珍贵的"瓘斝玉瓒"去祭神，可以保郑国无虞。子产坚决不同意。后来，四国果然起火。灾情过去后，裨灶告诉子产，如果不听我的，郑国还会遭火。子产仍旧不答应。朝中大夫劝他不要吝惜财宝，子产于是说出了那句振聋发聩的名言：

> 天道远，人道迩，非所及也，何以知之？灶焉知天道？是亦多言矣，岂不或信？

天道悠远，人道切近，两不相关，如何能了解它们的关系？裨灶哪里懂得天道？他说过的话多了去了，难道不会偶尔说中一两句吗？子产坚持不给"瓘斝玉瓒"，而郑国后来始终没有遇到火灾。

疏离了天道的子产，更加重视人言。郑国人喜欢在乡校里游玩，顺便评议国家的是非得失。大夫然明向子产建议，干脆毁了乡校，从而杜绝流言蜚语。子产郑重回复说：

> 何为？夫人朝夕退而游焉，以议执政之善否。其所善者，吾则行之。其所恶者，吾则改之。是吾师也。若之何毁之？我闻忠善以损怨，不闻作威以防怨。岂不遽止？然犹防川，大决所犯，伤人必多，吾不克救也。不如小决使道，不如吾闻而药之也。

为什么要这么做呢？人们每天忙完了以后到乡校聚会，评价执政的好坏。他们认为善的举措，我就推行；他们认为恶的事情，我就更改。这是我的老师啊。为什么要毁掉它？我听说推行忠善能够减少怨恨，没听说强施权威可以防止怨恨。这些议论难道不能迅速制止？然而就像堵塞河流，洪水一旦决堤，伤人必然很多，我就无法挽救了。不如把水稍微放掉一些，加以疏导。不如让我听到议论，把它们作为治病的良药。听闻此言，然明大为拜服。

春秋末期，传统礼乐进一步崩坏，分封宗法的秩序摇摇欲坠。为了减少纷争，稳固朝野，子产将刑法全部铸在鼎上，公之于众。这应该是中国历史上最早的成文法典，一诞生就让其他诸侯国大为惊诧。

按照传统的认知，"刑不可知，则威不可测"。法律如果藏在朝堂里不公开，它的威力将是无穷无尽的。因为贵族可以根据自己的利益临时发明法条，又或者出于个人喜好生杀予夺。面对肉食者们的非议和诘难，子产坚定地说：

> 侨不才，不能及子孙，吾以救世也。

我公孙侨没有才能，不能考虑得更长远，我要挽救眼前的世界。

与此同时，战争规模日益扩大，各国戎车和步卒的数量飙升。为了充实军备，加强国防，子产拓宽了兵役和军赋的范围。国人纷纷辱骂子产，讥讽他的父亲死于非命，称他过于狠毒，犹如蝎子的尾巴。子产听闻后，平静地说：

> 何害？苟利社稷，死生以之。且吾闻为善者不改其度，故能有济也。

有什么妨害呢？只要对国家有利，生死都不用计较。我还听说施行善政的人，不随便改变他的法度，所以才能够成功。尔后决然推行下去。

两千三百多年过去了，鸦片战争爆发。林则徐因为虎门销烟，得罪了英国人，被道光皇帝革除职位，发配至新疆伊犁。在西安与妻子离别的时候，林则徐写下了诗歌《赴戍登程口占示家人》，其中化用自子产的名句在今天广为人知："苟利国家生死以，岂因祸福避趋之。"

由于铁器牛耕的使用，私田得到大量垦殖，而公家的田税却无法负担国家的支出。为了缓解经济上的巨大压力，子产着手改革田制。让都邑和乡鄙有所区别，令上下尊卑各尽职责，用沟渠划分四方田界，按农舍征收各类赋税。

据说在子产执政的第一年，郑国民众纷纷抱怨：

取我衣冠而褚之，取我田畴而伍之。孰杀子产，吾其与之！

计算我的家产而收费，丈量我的耕地而征税。谁能杀子产，我就帮助谁！

等到子产执政步入第三年，郑国民众竞相歌颂：

我有子弟，子产诲之。我有田畴，子产殖之。子产而死，谁其嗣之？

我有子弟，子产教诲。我有土田，子产栽培。子产要是死了，谁能来继位？

末世余晖

前522年，垂垂老矣的子产快要死了。躺在病榻上回顾过往，他会怎样评价自己的职业生涯？又如何看待郑国的前景呢？

子产应该很清楚，七十五年前，锋锐的楚庄王挥师北上，一举攻破了郑国的国都。在生死存亡的关键时刻，伯父郑襄公选择了用最屈辱的方式来保全社稷。他脱去上衣，袒露身体，牵着羊迎接楚庄王，并卑微地说："要把我俘虏到江南或流放到海边，敬听君王吩咐；要瓜分郑国土地，奴役郑国人口，也听君王吩咐。如果君王顾念先君们的友好，让郑国侍奉楚国，等同于下辖诸县，这是您的恩惠，也是我的心愿。"楚庄王突然收获了新掌故——"肉袒牵羊"，极为感慨，遂退兵三十里，与郑国结盟。郑国才得以残喘至今。

子产自然也知道，一百零八年前，晋文公和秦穆公统领大军，浩浩荡荡，将郑国围得水泄不通。形势危如累卵，郑人第一次嗅到了宗庙倾覆的味道。曾祖父郑文公几乎走投无路。幸好大夫佚之狐推荐了此前毫无存在感的烛之武，最终凭借着老人家的智慧和三寸不烂之舌，劝返了秦国战车。郑国才勉强破解了死局。

子产一定很怀念，整整两百年前，曾祖父的祖父郑庄公，克段于鄢，扫平叛逆。他在位期间，远交齐、鲁，近攻宋、卫，威服陈、蔡，抵御北狄，辅政天子，一时无人能撄其锋。民间夸张地流传开了"天下诸侯，莫非郑党"的说法。

甚至，子产理当在史册里读到过，遥远的西周末期，王畿一带爆发了强烈地震，岐山崩塌，渭、泾、洛三条河川为之断流。人心惶惶之际，传言又不胫而走：当年伊水、洛水枯竭，于是夏朝灭亡；黄河干涸，于是商代倾覆。如今三川断流寓意着什么，自然无须多言。更何况岐山本是周人的发源地，相传周文王施行德政，曾引来凤凰在岐山栖息、鸣叫，被认为是大周即将勃兴的祥瑞征兆。而如今岐山竟然在地震中坍损。

异变发生时，郑国始祖郑桓公，在附属于王畿的封邑内忧心忡忡。目睹混乱的朝政和突如其来的天灾，他开始认真思考为何"王室多故"，以及如何"可以逃死"等深刻命题。当时最有学问的人之一，西周太史伯阳父建议他尽早迁国徙民，并指出，北方戎狄强横，南方楚国将兴，西人不太靠谱，唯之计，只有一路向东。

差不多两百五十年前，郑桓公正式向周幽王提出请求，东迁到洛邑附近。不久，西周王朝陨落。桓公之子郑武公又将国都移至新郑，开疆拓土。一路向东的郑国，终于从狭小的王畿采邑一步步升级为独立的诸侯国。这是郑国历史的起点，也基本是春秋时代的开端。

时间像一支劈空而来的利箭,穿越所有,猛然就到了眼前。当年郑人先祖尚可以眺望东方,沐浴着曙光,披荆斩棘走过来。而如今天下滔滔,社会激荡,郑国却锁死在这四战之地,尽显颓相。

似乎又不仅仅是郑国。几乎在同一时期,晏子忍不住叹息:这是末世了吧,齐国可能要换主人了。国君积蓄的财货腐朽生虫,而老人们却挨饿受冻。酷刑泛滥,民众伤残,市场上假足的价格竟然哄抬得比鞋子还要昂贵。百姓不会再依附国君了。

晋国的贤大夫叔向抚今追昔,也不胜感慨,说,现在是末世了。戎马不驾兵车,诸卿不领军队,公家的车乘没有御者和戎右,步卒行伍缺乏长官。百姓困窘疲敝,而宫室越来越奢靡。路上饿死的人举目皆是,而宠姬的家私多得都溢了出来。大家听到国君的命令,就好像躲避仇敌一样。晋国的社稷快要结束了。

随着光阴的流转,世代更迭,终将发生高岸为谷,深谷为陵的改变。伫立在历史的洪流里,子产身为郑国公孙,殚精竭虑,只手扶大厦于将倾。治郑的二十一年,化作末世中的一抹余晖。

子产在临终前,谆谆叮嘱接班人子太叔:

> 我死,子必为政。唯有德者能以宽服民,其次莫如猛。夫火烈,民望而畏之,故鲜死焉;水懦弱,民狎而玩之,则多死焉,故宽难。

我死以后,您必然执政。只有有德的人能够用宽厚来使百姓服从,其次,就莫如严厉约束民众。火猛烈,百姓看着就害怕它,所以很少有人死于火;水懦弱,百姓轻慢而玩弄它,于是许多人死于水,(执政)宽厚不容易。

世道昏聩,用宽厚仁德来教化子民已经是不切实际的理想。既然优雅的贵族时代正在缓缓谢幕,那么只能宽猛相济,甚至乱世用重典，方可以延续国祚。

有意思的是，子太叔是子产的子侄辈。游氏，名吉，字大叔。他已经不算是诸侯家庭的一分子。因此，两人的交接，有了浓厚的象征意味。诸侯本人，乃至于公子、公孙都陆续从政治舞台中心撤离。在未来，国家的权柄将会更多地操持在其他人手里。

子产死后，按照司马迁的说法，郑国的青壮年失声痛哭，老人都像孩童一样抽泣。大家都哀叹："子产离开我们死去了！百姓将来依靠谁？"当然另外也有传说，郑国的男子舍弃了玉佩，妇女舍弃了缀珠的耳饰，一齐聚在民巷中号哭了三个月，以至于所有娱乐的乐器都停歇下来。孔子时年二十九岁，闻听子产的死讯也潸然落泪，并伤感地说："子产有古人仁爱的遗风啊！"

子产死后四十六年，春秋结束。紧接着三家分晋，田氏代齐，郑国为韩国所灭。历史进入了风起云涌的战国时代。

原文注译

郑子产①有疾，谓子大叔②曰："我死，子必为政。唯有德者能以宽服③民，其次莫如猛④。夫火烈，民望而畏之，故鲜⑤死焉⑥；水懦弱，民狎⑦而玩之，则多死焉，故宽难。"疾数月而卒。

大叔为政，不忍猛而宽。郑国多盗，取⑧人⑨于萑苻之泽⑩。大叔悔之⑪，曰："吾早从夫子，

郑国的子产有病，对子太叔说："我死以后，您必然执政。只有有德的人能够用宽厚来使百姓服从，其次就莫如严厉约束民众。火猛烈，百姓看着就害怕它，所以很少有人死于火；水懦弱，百姓轻慢而玩弄它，于是许多人死于水，（执政）宽厚不容易。"（子产）病了几个月，去世了。

不及此。"兴徒兵⑫以攻萑苻之盗,尽杀之,盗少⑬止。

太叔执政,不忍心施行猛政而采用宽政。郑国盗贼增多,聚集在芦苇水泽里。太叔为此后悔,说:"我早点听从夫子,就不至于到这一步。"(太叔)发动步兵攻打芦苇水泽中的盗贼,全都杀死他们,盗贼稍微收敛。

注 释

① 子产(?~前522):春秋时期郑国执政卿。姬姓,公孙氏,名侨,字子产。　② 子大叔(?~前506):继子产为郑国执政卿。姬姓,游氏,名吉,字大叔。　③ 服:使动用法。使……服从。　④ 猛:严厉。　⑤ 鲜:少。　⑥ 焉:兼词,于此。　⑦ 狎:轻慢,轻忽。　⑧ 取:同"聚"。　⑨ 人:盗。　⑩ 萑(huán)苻(fú)之泽:芦苇丛生的水泽。　⑪ 悔之:为动用法。为此后悔。　⑫ 徒兵:步兵。　⑬ 少:稍微。

仲尼①曰:"善哉!政宽则民慢②,慢则纠之以猛。猛则民残③,残则施之以宽。宽以济④猛,猛以济宽,政是以⑤和。《诗》⑥曰'民亦劳止⑦,汔可小康⑧,惠此中国⑨,以绥⑩四

孔子说:"好啊!施行宽政百姓就怠慢,怠慢就用猛政来纠正。施行猛政百姓就受到残害,受到残害再施行宽政。用宽政补救猛政,用猛政补救宽政,政事因此和谐。《诗经》说'百姓也辛劳了,庶几可以

方'，施之以宽也。'毋从诡随⑪，以谨无良⑫，式遏寇虐⑬，惨不畏明⑭'，纠之以猛也。'柔远能迩⑮，以定⑯我王'，平之以和也。又曰⑰'不竞不绿⑱，不刚不柔，布政优优⑲，百禄是遒⑳'，和之至也。"

及子产卒，仲尼闻之，出涕㉑曰："古之遗爱㉒也。"

安康；抚爱王畿百姓，安定四方诸侯'，（这是）施行宽政。'不要放纵诡诈欺骗的人，谨防坏人坏事；遏止残害掠夺的人，（他们）不曾畏惧明确的法令'，（这是）施行猛政。'安定边远，柔服近地，来安定我王'，（这是）用和来使国家平静。（《诗经》）又说'不太强，不太急，不太刚，不太柔，施政宽裕从容，百种福禄聚集'，（这是）和谐的极致。"

等到子产去世，孔子听闻消息，流着泪说："（子产有）古人仁爱的遗风啊。"

注 释

① 仲尼：即孔子，（前551～前479）子姓，孔氏，名丘，字仲尼。　② 慢：怠慢。　③ 残：受到残害。　④ 济：补救。　⑤ 是以：因此。　⑥《诗》：此处引诗出自《诗经·大雅·民劳》。　⑦ 止：句末语气词。　⑧ 汔（qì）可小康：接近，庶几安康。汔，其、几，接近，庶几。小康，安康，安居。　⑨ 惠此中国：抚爱王畿的百姓。惠，爱。中国，指西周王畿。　⑩ 绥：安定，安抚。　⑪ 毋从诡随：不要放纵诡诈欺骗的人。从，同"纵"，纵容。诡随，诡诈欺骗的人。　⑫ 谨无良：谨防坏人坏事。谨，谨防，警惕。无良，坏人坏事。　⑬ 式遏寇虐：遏

止残害掠夺的人。式,句首语气词。遏,遏止。寇虐,残害掠夺的人。　⑭ 憯不畏明:不曾畏惧明确的法令。憯,同"惨"(cǎn),曾。明,指明确的法令。　⑮ 柔远能迩:柔,怀柔,安定。能,与柔同义。迩,近。　⑯ 定:安定,稳定。　⑰ 又曰:此处引诗出自《诗经·商颂·长发》。　⑱ 不竞不絿(qiú):不争夺,不急躁。竞,争。絿,急。　⑲ 优优:宽裕的样子。　⑳ 遒:积聚。　㉑ 涕:眼泪。　㉒ 遗爱:仁爱的遗风。

文史常识

⊙ 春秋时期,"诗三百"有什么功用?

《论语·阳货篇》记载:

> 子曰:"小子何莫学夫诗?诗可以兴,可以观,可以群,可以怨。迩之事父,远之事君;多识于鸟兽草木之名。"

孔子充分肯定了学习"诗三百"的意义——其核心就是"兴""观""群""怨"。所谓"兴",指"感发意志",诗歌具体生动的艺术形象,可以激发人的情感;所谓"观",指"考见得失",通过对诗歌的反复吟诵,可以观察到它所反映的社会现实和作者的思想;所谓"群",指"群居相切磋",大家一起学习诗歌,有助于彼此交流,加强团结,统一认知;所谓"怨",指"怨刺上政",诗歌可以批评现实,在一定程度上干预政治。

除此以外,"诗三百"本身是周代礼乐文化的重要组成部分,尤其在编辑成书后,广泛流行于诸侯各国。当"诗三百"成为了贵族们共同的知识背景,它便能普遍运用在祭祀、朝聘、宴饮等诸多场合。诸侯、卿大夫和士借由"赋诗"来"言志",通过征引"诗"中的语句,来讽谏劝诫,议论抒情。

在《子产论政宽猛》中,孔子接连引用了两首"诗"——《大雅·民劳》和《商颂·长发》——来对子产的政治主张进行评价,这就充分体现了当时"赋诗言志"的风气。

当然,很多人在引用"诗"时候,也逐渐呈现出一种倾向:"赋诗断章,余取所求。"即借用"诗三百"中的某几句来暗示或比喻自己的特殊见解,以至于偏离了"诗"的原意。

例如,《论语·八佾篇》记载:

子夏问曰:"巧笑倩兮,美目盼兮,素以为绚兮。何谓也?"子曰:"绘事后素。"曰:"礼后乎?"子曰:"起予者商也,始可与言诗已矣。"

孔子学生卜商(字子夏)询问孔子,应该如何理解"巧笑倩兮,美目盼兮,素以为绚兮"。这句话原本是在描述女子的美貌,称赞她笑起来真好看,目光流转,顾盼生姿,就像洁白的丝绢上面绘着美丽的彩纹。

然而,孔子着重强调了"绘事后素",先有白底子然后再画画。子夏于是在此基础上进行了"跳跃式"发挥:"应该先有仁作为底子,然后才有礼吧。"孔子大加赞赏,认为子夏对自己有所启发,以后师生俩可以讨论"诗"了。这个例子便算是"断章取义"的典型。

文言语法

⊙ 为动用法

文言文中存在一种特殊的语法现象——为动用法。所谓为动用法,就是指主语为了宾语(目的)、因为宾语(原因)或者对宾语(对象)施行谓语所表示的动作。例如,本篇《子产论政宽猛》中的"大叔悔之",就翻译为"大叔因为此事而后悔"。

为动用法和意动用法、使动用法在外观上都是"谓语+宾语"的形式,必须通过内容来区别。可以比较以下三句话:

①买臣见汤,坐床上弗为礼,买臣深怨,常欲死之。(《汉书·朱买臣传》)

②不吊吾丧,不忧吾哀,是死吾君而弱其孤也。(《吕氏春秋·悔过》)

③国君死社稷,大夫死众,士死制。(《礼记·曲礼下》)

三句话中都出现了"死"字,然而句①中的"常欲死之",是指张汤对朱买臣无礼,朱买臣"常常希望让张汤死","死"是使动用法;句②中的"死吾君",是指"认为我们的国君死了","死"是意动用法;句③中的"国君死社稷",是指"国君为国家而死","死"是为动用法。

为动用法常见的类型有三种。

第一,表目的。

等死,死国可乎?(《史记·陈涉世家》)

死国:为了国家而死。

第二,表原因。

便苦咳嗽,欲卧不安。(《三国志·魏书·方技传》)

苦咳嗽：因为咳嗽而痛苦。

第三，表对象。

庐陵文天祥自**序**其诗，名曰《指南录》。（文天祥《指南录后序》）

序其诗：给他的诗集作序。